Il est Spécial

Myriam Elie Baker

Il est spécial
Myriam Elie Baker

2015 Copyright © ID 1-2814922174
Registre de Propriétés Intellectuelles, « Copyright Office »,
District de Washington, États-Unis d'Amérique
Myriam Elie Baker,
Tous droits réservés.
Toute reproduction même partielle de cet essai sans le consentement de l'auteure constitue un délit contre les droits de la propriété intellectuelle.

ISBN-13: 978-0692562413
ISBN-10: 0692562419

Kiskeya Publishing Co, Miami Florida USA.

À mes enfants, Yann et Samy.
À mes neveux et nièces, Bilal, Ibrahim, Zayd et Issa,
Alexa, Lara, Alyssa, Sofia, Liana, Ava et Leila.

TABLE DES MATIÈRES

Préface par France William	i
Introduction	1
1- Le jour « j »	9
2- Le cauchemar commence	13
3- Il est à moi	19
4- Son nom est !!!!	23
5- « Ecce Homo … »	31
6- Un cœur d'Ange	37
7- Le baptême	43
8- Le temps passe lentement	47
9- « L'avenir… ! »	53
10- Retour à la maison	59
11- Face à la réalité	61
12- Nous sommes sur les dents !	69
13- Mouvement perpétuel	77
14- En deux ans, comme en deux jours…	83
15- Il faut s'adapter	91
Conclusion	95
Épilogue	97
À Ti Sach de son parrain	103
Remerciements	107

Il est Spécial

Préface par France William

Il y a des douleurs qui font couler nos larmes, d'autres qui nous rendent insensibles, effaçant l'amour dans nos cœurs; mais la vraie douleur, c'est celle qui nous pousse à nous exprimer et qui nous rapproche du divin, celle qui est assez forte pour nous faire apprécier les moindres petites joies de la vie quotidienne, celle qui nous porte à regarder autour de nous et d'y voir celle des autres, celle qui nous rend perméable à l'amour, à la tendresse et à la sensibilité.

Voici Myriam, femme et mère qui par ce simple "Il est spécial" donne une leçon d'amour à notre petit monde si imparfait.

"Tu es spéciale"

Tatie France.
Octobre 2014

IL EST SPÉCIAL

Introduction

Nous vivons dans un monde où nous côtoyons tous les jours toutes sortes de personnes : jeunes, âgées, athlétiques, handicapées, saines, malades, heureuses, tristes... Malheureusement, pris par les tourments d'un monde égoïste et suffisant, nous nous laissons enfermer dans un carcan qui ne nous laisse ni le temps ni l'envie de nous soucier de l'autre.

La plupart du temps, nous sommes tous préoccupés par nos petits soucis quotidiens, nos besoins et nos problèmes. Le mot problème est ici utilisé dans son sens le plus large et peut être interprété de plusieurs façons. Si nous prenions cependant le temps d'écouter les autres, d'avoir un peu plus d'empathie pour les plus défavorisés, nous verrions la vie sous un nouvel angle et nous apprécierions peut-être un peu plus ce que nous avons.

La vie n'est pas toujours ce long fleuve tranquille comme on le lit dans les romans. La vie est complexe et apporte son mélange hétéroclite de bons et de mauvais moments. Elle est faite d'obstacles, d'épreuves, de petits bonheurs et de grandes joies aussi.

C'est une chance rare d'épouser l'homme de ses rêves, d'être entourée d'une famille qui nous aime et qu'on aime et d'avoir des amis proches qui nous sont chers. Sacha et moi avons eu l'immense bonheur de nous rencontrer, de nous aimer, de nous marier, de vivre une lune de miel idyllique et de commencer notre vie de couple entouré de l'affection de nos proches.

En me mariant, je vivais enfin mon conte de fées. Dans ma petite vie enchantée, je devenais tour à tour, Blanche Neige, Cendrillon, La Belle au Bois Dormant, Sissi l'Impératrice et toutes les autres princesses héroïnes qui m'avaient fait rêver et espérer qu'un jour je rencontrerais mon prince charmant.

J'étais si heureuse, que je n'arrivais pas à effacer ce sourire de mes lèvres laissant entrevoir ma joie de vivre. Sacha et moi préparions notre avenir, notre futur avec gaieté, confiance et sérénité. Nous vivions un bonheur simple et pur, sans ombrage.

Nous vivions des jours paisibles et heureux dans une maison confortable avec Yann, notre premier fils. Grâce à la disponibilité de ma mère qui se proposait de garder son petit-fils adoré, nous pouvions nous aménager Sacha et moi des moments d'intimité pour le grand bonheur de notre couple.

Nous avions une vie de famille agréable. Yann était un enfant généreux, studieux, exemplaire et obéissant qui venait combler ce tableau de famille. Il travaillait bien à l'école et nous donnait peu de raison de nous faire du souci pour lui. Nous avions ainsi la chance de profiter

Introduction

de notre vie à deux et tout en gardant la fraîcheur et la spontanéité de notre jeune amour comme au premier jour.

La vie était belle, les jours passaient sans stress et sans soucis. Nous nous amusions, nous sortions, nous dansions ; enfin, tout était au beau calme. Le temps nous appartenait. Nous prenions le temps de préparer des petits plats surprises, le temps de ne rien faire, le temps de rêver de notre futur. Nous rêvions d'avoir d'autres enfants, nous envisagions aussi la construction de notre maison, le temps enfin de discuter du possible et de l'imaginaire. En un mot, nous étions un couple heureux.

De nature plutôt méticuleuse, mon existence était planifiée, organisée, préparée ; tous les rêves étaient possibles, ces rêves tant espérés se réalisaient petit à petit. J'attendais un heureux événement. Nous avions conçu un nouvel enfant ! Yann avait déjà cinq ans et nous ne voulions pas trop attendre. Il était si heureux d'apprendre cette nouvelle... lui qui désirait tant un petit frère ou une petite sœur dans la maison pour rompre sa solitude, il allait pouvoir être comblé.

Sacha et moi voulions que nos enfants grandissent ensemble. Nous rêvions d'une maisonnée remplie de bruit, d'activités, de vie, d'amour et de joie. Ma grossesse se passait sans encombre ; aucune inquiétude à avoir, d'après le médecin, proche de la famille tout allait pour le mieux : « dans le meilleur des mondes ». Je gagnais le poids qu'il fallait et je n'avais aucune inquiétude sur l'évolution de ma grossesse. J'étais une maman si heureuse, en plus je n'avais même pas ces petites taches brunes disgracieuses qui peuvent apparaitre sur la peau du visage des femmes enceintes (appelées masque de grossesse).

Mon seul malaise était une nausée persistante qui n'inquiétait guère notre médecin. Au bout de quatre mois de grossesse, il nous annonça que nous attendions une petite fille. « Ce fut un si grand Bonheur ! » Yann allait avoir une petite sœur. En ce qui me concerne, je n'avais pas de préférence particulière. Sacha quant à lui était aux anges, heureux et ému à l'idée d'avoir une fille. Il est un grand jaloux et il parlait constamment de notre petite princesse qui allait lui rendre la vie difficile. Déjà, il parlait de ses inquiétudes à voir grandir une fille dans ce monde de brutes et prévoyait dès lors un troisième enfant. Un autre garçon dans le but de donner à son petit joyau toute la protection nécessaire.

Mes neuf mois de grossesses furent un enchantement, excitée à l'idée de donner la vie une fois de plus, j'avais une énergie qui décuplait mon envie de célébrer tous les jours. Plus que quelques mois, notre fille sera avec nous, j'étais impatiente de la serrer contre moi et de lui communiquer tout mon amour ! Alors, je m'amusais à préparer et à ranger son petit trousseau. Elle avait déjà presque autant de robes que moi. Je les étalais tous les jours sur le lit pour les admirer. Tous

Introduction

dans la famille attendaient sa venue autant que moi… chaque jour, je caressais mon ventre en lui parlant et en lui racontant toutes sortes d'histoires, ma préférée était celle de ma rencontre avec son papa il y a plus de 20 ans alors que je n'avais que cinq ans, et que nous portions tous deux les bagues au mariage de ma cousine Elisabeth.

Les pensées se bousculaient et je n'arrêtais jamais de pronostiquer, et de rêver : « Oh, mon Dieu, à qui va-t-elle ressembler ? Quel sera son type ? » Aura-t-elle le caractère de son papa ou de sa maman ? Les questions n'arrêtaient pas. J'étais impatiente de rencontrer ma fille. Étant très proche de ma mère qui en réalité a joué davantage le rôle d'une sœur que celui d'une mère dans ma vie, j'étais impatiente de renouveler cette même expérience avec ma fille. Je souhaitais qu'elle hérite de mon caractère pragmatique, et qu'elle se laisse bercer dans l'amour et l'affection de son papa. J'espérais qu'elle n'aurait quand même pas le « bon appétit » de papa, sinon s'en était fait de la fillette bien menue que je m'imaginais… Je rêvais souvent les yeux ouverts, le sourire aux lèvres.

Ainsi les jours passaient paisiblement et mon seul souci réel était de préparer mon voyage pour mes couches. Ce jour-là, ce fut une traversée assez agréable. Je m'étais bien reposée pendant les derniers mois faisant tous les jours la grasse matinée, prenant des bains moussants que j'adore et regardant la télévision

IL EST SPÉCIAL

pour faire passer le temps, chez ma cousine Johanne (Ti Jo).

Ce furent ensuite, les vacances de Noël qui arrivèrent et avec elles, les fruits de mon bonheur : Maman, Yann et Sacha qui venaient me rejoindre. Ce fut une période inoubliable qui nous conduisit tous les trois hors du pays pour passer un formidable moment. Yann était heureux de ce Noël loin de son pays avec toute une série d'activités intéressantes que nous avions organisées et qu'il ne pouvait pas attendre d'expérimenter comme la « Forêt Enchantée[1] », un parc d'attractions où nous l'avions amené. Le seul nuage dans notre ciel bleu arriva alors que nous étions au restaurant et que je crus, à tort, rompre la poche des eaux. Le lendemain, le médecin nous a rassurés, en nous expliquant que je perdais tous simplement un peu d'eau.

Par mesure de précaution, il me fit passer une nuit d'observation à l'hôpital, me fit prendre du sérum et me renvoya chez moi le lendemain.

Le reste des vacances se passa calmement en famille : Yann était très heureux d'être avec moi et moi aussi j'étais heureuse de sa présence, car il est mon petit copain après tout… mon compagnon, mon fils, ma vie.

En début d'année, tout le monde repartit pour Haïti. Je me suis sentie seule et triste de les voir partir. Car je

---

[1] *The Enchanted Forest* est un parc d'attraction qui se trouve dans le canton de *Miami-Dade* à Miami en Floride.

Introduction

n'avais pour compagnie que mon impatience et ma joie de pouvoir bientôt voir le visage de mon bébé et que tout de suite après je rejoindrais ma petite famille.

IL EST SPÉCIAL

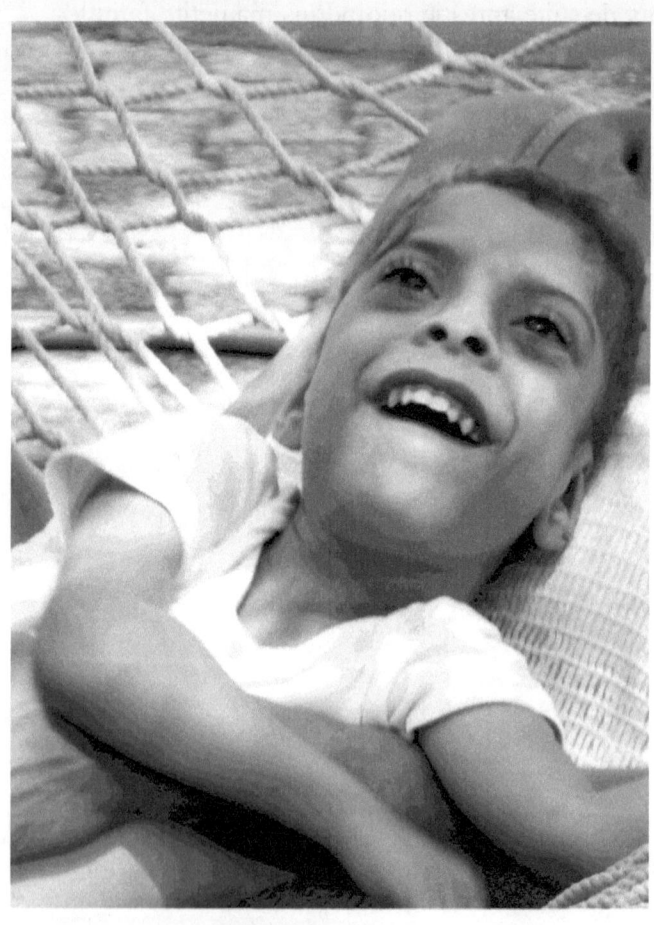

1. Le jour 'J'

Le 11 janvier 2008 arriva et ce fut l'un des plus beaux jours de ma vie. Sacha et moi allions avoir notre deuxième enfant ! Nous étions plus que prêts pour la venue de notre princesse. Tout était rose: sa chambre à coucher, ses jouets, son linge, etc.… La famille nous avait beaucoup gâtés pour préparer la layette du bébé. Il ne nous manquait absolument rien. Nous étions comme deux enfants attendant un cadeau du père Noël.

Nous avions le privilège de choisir la date de déclenchement de la naissance en fonction de l'emploi du temps de Sacha et pour nous assurer qu'il serait présent. Accompagnés de ma cousine Katia, nous nous rendîmes à l'hôpital ; bien équipés. En femme bien organisée que je suis, j'avais préparé non seulement un sac pour bébé, mais un sac pour maman et un autre pour papa. Je m'étais procurée de plein de petits trucs pratiques pour mon séjour à l'hôpital : une trousse de toilette pour Sacha, une autre pour moi, et j'avais même pensé à d'autres loisirs pour combler notre temps pendant l'hospitalisation. Nous étions bien équipés. Sacha et moi avions pensé jusqu'aux DVD pour la circonstance. Je voulais que ce moment soit spécial et inoubliable pour lui comme pour moi.

IL EST SPÉCIAL

Comme deux enfants égoïstes, nous vivions ce moment extraordinaire comme si nous étions seuls au monde, savourant notre joie à deux. Le temps de nous installer, de mettre ma blouse d'hôpital, les choses ont pris une tout autre tournure quand l'infirmière de service m'installa un sérum et décida contre toute attente de me donner un lavement à l'ancienne. Il eût fallu que je me soumette à cette pratique barbare et douloureuse de forcer une femme enceinte à aller aux toilettes : peut-être rapide et efficace pour les médecins ; elle assure certainement qu'aucun accident intestinal venant de maman ne soit la première expérience d'un nouveau-né, mais ce fut, je dois l'avouer, une expérience traumatisante.

Le jour « j » enfin arrivé, peu de temps après m'être confortablement installée dans mon lit, l'infirmière m'injecta alors une substance à base d'ocytocine : « le Pitocin », ce médicament qui active les contractions. Aïe, aïe, aïe ! Ce Pitocin n'est pas une blague et les contractions arrivèrent rapidement et avec beaucoup de douleur.

La soirée passa assez vite même si les douleurs commençaient à devenir fréquentes, pénibles et insupportables. J'avais si peur et j'étais si incapable de faire face aux douleurs que les médecins décidèrent immédiatement de me donner une anesthésie locale par épidurale.

Le jour 'J'

L'épidurale est une autre étape effrayante : une seringue énorme qui est introduite en pleine colonne vertébrale pour infiltrer un liquide miraculeux qui calme la douleur et remet le sourire aux lèvres. C'est une technique d'analgésie qui permet de soulager efficacement les douleurs associées aux contractions. En moins de mots qu'il ne faut pour le dire, la douleur disparut, ma respiration revint à la normale et j'arrivai à converser avec Sacha et même à rire aux éclats. Il resta tout le temps à mes côtés et ne me laissa jamais seule.

Vers deux heures de l'après-midi, le médecin arriva et m'annonça que j'étais prête à accoucher étant déjà dilatée de 7 cm. Avec Sacha à mes côtés, il me prépara à pousser de toutes mes forces. Alors, je crois avoir arraché quelques cheveux de la tête de mon jeune petit papa pendant que je poussais. Heureusement, douillette que je suis, après 3 ou 4 poussées à la limite de l'insupportable, grâce au support exceptionnel de mon homme qui, me tenant la main sans jamais lâcher, j'ai pu mettre mon petit ange au monde le 12 janvier 2008 à 14 hr 46.

Mon mari m'embrassa de bonheur et me dit: « Tu as réussi mon amour, tu es une femme extraordinaire ! »
Soudain, je ressentis une douleur au ventre comme si on me déchirait les entrailles. Je sentais que mon cœur qui battait à cent mille à l'heure allait exploser alors que de l'acide et de la ferraille me broyaient l'estomac. J'avais mal ; j'étais bouleversée et subitement je savais

IL EST SPÉCIAL

que mon monde idyllique avait basculé. Les larmes aux yeux, je lui répondis alors : « non, je n'ai pas réussi. »

Je cherchais mon bébé des yeux : « Il a un problème », lui dis-je. Aveuglé par son bonheur, Sacha m'entendait, mais ne m'écoutait pas. Il ne comprenait pas ce que je venais de lui dire. Entre temps, les médecins s'étaient éloignés avec le bébé à l'autre bout de la chambre pour l'examiner comme un extra-terrestre au lieu de me l'apporter. Je pensais alors tout doucement : « Sacha n'a même pas eu le bonheur de couper le cordon... tout s'est fait si vite ».

Je lui dis à nouveau : « mon bébé a un problème, il n'est pas sur moi ». En effet, après un accouchement, le bébé est mis un instant sur le ventre de sa mère, avant même d'être nettoyé. J'insistai encore une fois auprès de Sacha : « Va voir pourquoi », lui dis-je ! « Je commence à m'inquiéter ! » C'est alors que sans le vouloir et sans le savoir, mes pires prémonitions allaient se concrétiser et que commençait un indescriptible cauchemar.

2. Le cauchemar commence

Sacha alla rejoindre les médecins. Je l'observais qui parlait à l'un d'entre eux ; celui-ci entre-temps réfléchissait en se passant les mains sur la tête. Rien de tout cela n'augurait une bonne nouvelle. Mon intuition féminine me porta tout de suite à traduire les gestes et les mains sur la tête qui ne voulaient dire qu'une seule chose : « *tèt chaje*[2] »... et Sacha revint me parler.

Il avait l'air désorienté et inquiet. Hésitant un peu, il me dit : « Bon, Chérie, d'après les médecins, le bébé est petit ; il ne pèse que cinq livres et cinq onces et demie... ! » Réfléchissant à cent milles à l'heure, je me suis dit : « Ce n'est pas trop grave ; une couveuse et on s'en sortira bien : il y a pire que cela dans la vie ».

Mais Sacha n'avait pas terminé: « Il a les pieds tournés en arrière ! » Sans désemparer, je lui répondis : « Toujours pas grave ! Je pense qu'on lui mettra des bottines qui sont d'ailleurs d'un style très français, très classiques, très chic et très stylé pour les bambins... » Soudain, les rôles étaient inversés : j'entendais Sacha, mais je ne l'écoutais plus.

« Le bébé râle quand il respire. Les médecins pensent qu'il a un problème cardiaque », dit-il doucement.

---

[2] C'est problématique !

IL EST SPÉCIAL

« Quoi ? Qu'est-ce que tu racontes, Sacha ? Explique-toi ! Tu me troubles ! Je ne comprends rien », lui répondis-je !

« Je ne pense pas que ce soit une fille », ajouta-t-il. « Il a un sexe masculin, mais ses testicules ne sont pas descendus… les médecins l'amènent en salle d'urgence pour l'examiner et le mettre en couveuse. »

Je commençais à avoir des difficultés à respirer. Toutes ces explications étaient incompréhensibles et trop indigestes pour être avalées d'un seul trait.

Je venais de recevoir un violent coup de poing au ventre qui m'avait vidé de toute la joie et de tous les espoirs que je nourrissais, il y a à peine une heure encore. Je ne comprenais pas, pourquoi l'homme de ma vie, mon mari, le père de mon bébé me racontait toutes ces histoires douloureuses et abracadabrantes. Tout ceci était impossible, trop dur. J'avais mal compris ! Je n'avais pas bien entendu ! J'avais l'impression de perdre la tête. Tous ces problèmes en même temps… ce n'était pas normal, ce n'était pas croyable, c'était tout simplement invraisemblable.

Au fond de moi, je me disais : « Ah ! Je rêve ; ça doit être ça ! Réveille-toi Myriam ! » Je me pinçai alors et je ressentis tout de suite la douleur. De toute évidence et à mon corps défendant, j'étais bel et bien éveillée et en vie.

Le cauchemar commence

Je vivais une situation surréaliste, extracorporelle. J'avais l'impression de tomber au ralenti dans un trou sans fond, ou encore de rentrer dans un coma obscur et froid. Je voyais passer tout ce monde de médecins et d'infirmières qui, de temps à autre, me parlait sans se soucier de savoir si je les comprenais. Je n'arrivais même plus à les entendre, j'avais l'impression de perdre doucement connaissance, et je voulais m'éloigner de ce monde qui venait d'écrabouiller le mien.

Sacha, quant à lui, il ne savait plus quoi me dire et où donner de la tête. Il avait l'air hagard et perdu dans ses pensées. Le pauvre venait de vivre le choc de sa vie, et m'annonça qu'il allait sortir un instant pour griller une cigarette.

Des années plus tard, Sacha m'avoua qu'il sortit de la chambre, car il n'en pouvait plus. Il fallait qu'il s'échappât, l'espace d'un moment, pour ne pas craquer devant moi. Il lui fallait trouver les moyens de hurler son anxiété, sa peine et sa douleur. Il lui fallait pleurer comme un bébé et crier au ciel pour appeler Dieu à son secours. Alors et alors seulement, a-t-il pu trouver le courage de me rejoindre et de prétendre par amour pour moi que tout irait pour le mieux dans le meilleur des mondes.

« Oh mon Dieu ! Quel malheur ! Qu'ai-je fait pour mériter cela ? Pourquoi moi ? Pourquoi mon bébé ? Ne lui fais pas cela, Seigneur ! Prends-moi, dispose de moi, laisse-le tranquille, laisse-le vivre en paix et en

IL EST SPÉCIAL

santé comme Yann. Le ciel m'est tombé sur la tête ; je veux mourir. C'est trop dur, ce n'est pas possible. » Autant de pensées qui me rongeaient le cœur et me dévoraient les entrailles.

Au bout de quelques heures, on me transporta dans une chambre froide et impersonnelle qui était étrangement un reflet adéquat de ce grand drame qui était venu bouleverser ma vie. C'était bien la pire des choses qui ne me fussent jamais arrivées. J'avais toujours pensé que le divorce de mes parents était dur, mais ce n'était qu'un jeu d'enfants, comparé à la douleur d'avoir un enfant malade.

Sacha passa la nuit à faire la navette entre le bébé et moi... Pauvre de moi qui étais complètement désorientée, impuissante et triste à en mourir ! Je n'arrivais plus à me lever de mon lit d'hôpital. J'arrivais ni à manger ni à converser. J'étais complètement inerte.

Je ne voulais pas voir mon bébé. J'en avais peur. Je pensais, contre toutes attentes, que si je lui donnais un peu de temps, il allait se remettre, redevenir normal, et que tout irait bien ; que tout ce cauchemar s'évaporerait et disparaitrait !

Une nuit sans sommeil, un estomac vide de nourriture, un esprit déprimé et un corps sous calmant étaient un mélange calamiteux pour celle qui en faisait l'expérience.

Le cauchemar commence

Très rapidement, je recommençais à broyer du noir et les questions les plus invraisemblables me venaient à l'esprit :

« L'hôpital a dû faire une erreur. Cet enfant n'est pas le mien. Ils vont sûrement réaliser leur erreur. Qui d'autre a accouché en même temps que moi ? Ai-je mangé un mauvais plat ? Ai-je été empoisonnée ? D'où sort ce problème ? Mon bébé se portait bien dans mon ventre, mon médecin me l'a d'ailleurs répété plusieurs fois tout au long des neuf derniers mois. Je n'ai pas fumé de cigarettes ; je n'ai pas bu de boisson alcoolisée ! Que diable s'est-il donc passé ? Où es-tu, Bon Dieu, maintenant que j'ai besoin de toi ? Pourquoi as-tu permis que cela arrive ? Si tu existes, Seigneur, viens vite, viens le bénir, viens le guérir ! Tu sais que je ne pourrai pas porter cette croix. Éloigne-moi de ce problème. Je n'en ai pas envie. Je n'ai ni la patience ni la capacité. Viens vite résoudre tout ce problème avant que tout le monde ne soit au courant, ce monde si cruel, qui n'accepte pas la différence ».

IL EST SPÉCIAL

3. Il est à moi

Finalement, Sacha réalisant que j'étais à deux doigts de renier l'existence de mon bébé et de le rejeter me supplia d'aller le voir. Il me souleva, me mit sur un fauteuil roulant et me poussa dans la salle d'urgence pour nouveau-nés. Je dois avouer que six ans plus tard je ne me rappelle plus ce séjour à l'hôpital. Je ne me souviens ni des médecins ni du chemin pour arriver dans cette salle.

En entrant dans la pièce, j'eus envie de fermer les yeux, mais Sacha persévéra et me poussa jusqu'à la couveuse de mon bébé. Et là, je le retrouvais minuscule, car il avait déjà perdu une livre. Il était recroquevillé sur lui-même, enfermé dans une petite prison, qui m'empêchait de le prendre dans mes bras et de le serrer contre moi.

Mon cœur se déchirait à voir mon petit bébé tout seul, tout nu dans cet espace minuscule. Doucement, les larmes commençaient à couler. Je pleurais de dépit et de découragement. Et j'avais envie de hurler de douleur. Je ne me suis retenue que par peur de lui faire peur. Cet enfant qui avait partagé mon corps pendant neuf mois était aujourd'hui seul et inaccessible. Cette vitre mince qui nous séparait prenait de plus en plus l'allure d'un océan.

IL EST SPÉCIAL

Pour toute consolation, je n'étais autorisée qu'à lui toucher légèrement l'auriculaire. « Oh, mon Dieu, c'est trop dur ! Mon bébé a visiblement un gros problème, un problème si grave que personne ne peut l'identifier. Même les médecins qui l'ont vu ne peuvent jusqu'à présent pas nous dire ce qui s'est passé exactement et il est tout seul au monde. Il a besoin de moi, de ma chaleur, il ne devrait pas rester seul ».

J'étais maintenant épuisée, à bout de force, à bout de larmes et à bout d'arguments. Sentant que j'allais perdre connaissance, j'ai demandé que l'on me ramenât dans ma chambre. Là, seule avec moi-même, alors que Sacha était resté tenir compagnie à notre bébé pour l'encourager à se battre et à survivre, seule avec mon Dieu, je Lui demandai de me laisser mourir.

Grâce à la présence constante de Sacha, mon bébé n'a pas eu à éprouver cette solitude que je ressentis dans cette pièce. Mon mari est un homme très optimiste, qui voit toujours le bon côté de la vie alors que moi, je suis celle qui a toujours peur des problèmes et qui s'attend au pire.

L'espace d'un cillement, un autre jour arriva. J'hésitais à ouvrir les yeux, espérant avoir eu un cauchemar au cours duquel j'avais accouché d'un enfant malade et diminué. Doucement j'ai ouvert les yeux, et un seul regard sur le visage chiffonné de Sacha avait suffi à me ramener à la réalité. Mon enfant était bel et bien né et Sacha n'avait pas fermé les yeux de la

Il est à moi !!!

nuit. « Zut alors ! Je n'ai pas rêvé. C'est bien ma nouvelle réalité ! »

De sa naissance à aujourd'hui, Sacha n'avait jamais abandonné notre bébé.

IL EST SPÉCIAL

4.   Son nom est !!!

Très rapidement, les médecins venaient nous annoncer qu'ils allaient nous transférer à un hôpital spécialisé, car ce cas dépassait clairement leur niveau de compétence. Même les médecins étaient perdus et ne comprenaient rien. Les règlements voulaient qu'après un accouchement, il fallût rester deux jours à l'hôpital avant d'être exéaté. Peu importe, ils avaient déjà court-circuité les processus administratifs pour m'accorder un départ anticipé.

Sans comprendre pourquoi, je sentais partir le peu de force qui me restait encore. J'eus envie de demander à toutes ces blouses blanches qui me regardaient sans me voir, de me laisser là où j'étais, de m'oublier, et de me laisser couver ma peine. Comme un soldat qui reçoit un ordre, je ne dis cependant rien. Je pouvais à peine marcher, je n'avais rien mangé depuis l'accouchement, j'étais rompue de douleur et de fatigue, mais j'obtempérai. Ma belle-sœur Pascale m'aida à m'habiller et à me préparer.

Pour qu'un bébé laisse l'hôpital, il faut lui donner un nom qui l'identifie pour la paperasse légale. Pendant toute ma grossesse, j'attendais une petite fille ; et son nom était Lena. J'étais maintenant en face d' « experts » qui tentaient de m'expliquer que ma petite fille était peut-être un petit garçon. Alors, je devais attendre un

IL EST SPÉCIAL

test ADN pour en confirmer le sexe, et ils me réclamaient aussi un nom sur-le-champ.

« Un nom », me dis-je ; « mais ils sont complètement fous ! Comment peuvent-ils me demander de nommer cet enfant ; ils sont complètement dingues. Je sais que j'ai un bébé, qui n'est ni une fille ni un garçon ; simplement un bébé. Comment nomme-t-on un bébé ? Qui a jamais vu ça ? Moi, je n'ai jamais entendu une histoire pareille ». Alors, mes genoux flanchèrent sous le poids de ma douleur. Je m'effondrai. Je pleurai. Je criai. J'étais sans vie ; sans voix ; et sans espoir.

Ces gens étaient intraitables et sans pitié. Ils n'avaient aucune considération pour notre désarroi. Je leur demandais de patienter et d'attendre les résultats ; mais point trop n'en faut, le bébé devait être transféré d'urgence à un autre hôpital et pour cela, il lui a fallu un nom.

Subitement, comme s'il se réveillait de sa torpeur, Sacha s'écria : « Ma chérie, il s'appellera Sacha comme moi, ça ira pour une fille comme pour un garçon. » C'est ainsi que mon petit ange reçut le nom de son papa, sans nom de baptême.

Je me rappelle aujourd'hui de mon beau-père, qui tout juste après, ajoutait, non sans une pointe d'humour, mais d'un air assuré, ces quelques mots : « Je suis certain que c'est un petit garçon ; il en a bien l'air ! » Il continua sur un air humoristique : « Il a une sale tête de

Son nom est !!!

gamin qui n'irait certainement pas à une petite fille ! »
Je ne me rappelle plus si j'avais souri, si j'avais pleuré ou si j'étais restée sans émotion. Ce dont je me rappelle cependant c'est que dans notre douleur collective, Charlito avait trouvé le mot juste pour briser le fluide glacial qui avait envahi la salle où nous étions. Cette boutade m'est restée gravée dans le cœur et m'avait redonnée un brin de courage.

Sans Sacha, sa présence, son amour et son optimisme de tous les instants, je me demande encore ce que je serais devenue. Je n'étais que l'ombre de moi-même et je ne désirais qu'une chose, une seule : me cacher loin de ce monde cruel.

Alors que je broyais du noir, enfermée dans ma chambre m'apitoyant sur mon sort, il avait tout réglé avec l'hôpital. En moins de temps qu'il ne faut pour le dire, nous avions changé d'adresse. Nous nous sommes tous rendus au nouvel hôpital en caravane dans un silence de mort. Nous allions rejoindre notre enfant qui lui, avait été transféré dans sa couveuse en ambulance.

Je n'oublierai jamais ce petit message que m'a écrit mon père un jour après que je l'ai appelé pour pleurer ma douleur :

IL EST SPÉCIAL

Ma fille chérie,

Je comprends très bien tes soucis et ta déception. Tout le monde attendait Lena, et tout le monde était heureux d'accueillir Sacha. Les problèmes que tu affrontes aujourd'hui sont très complexes et je te comprends.

Cependant, permets-moi de te rappeler qu'avant tout, tu es une Elie. Tu viens d'une race de combattants.

Tu as vécu avec moi certains moments difficiles de ma vie. Cependant, j'ai su garder la tête haute et lutter dans toutes les circonstances pour rester égal à moi-même et ne jamais perdre l'espoir d'un lendemain meilleur.

Sacha devrait être pour toi un exemple. Cet enfant, si jeune, commence déjà sa lutte dans la vie et je ne crois pas qu'il soit disposé à abandonner le combat de si tôt. Nous devrons tous, autant que nous sommes, nous unir pour l'aider. C'est ce qu'il attend de nous aujourd'hui. Il a peut-être cette mission de nous rapprocher et de nous apprendre à lutter.

Yann est un très bon enfant, il va certainement adorer son petit frère et sera toujours de son côté. Dieu, dans toute sa bonté, nous met parfois face à des situations difficiles pour éprouver notre foi et nous aider à comprendre le sens réel de la vie. Il ne nous donne jamais d'épreuves que nous ne pouvons surmonter. Cette même foi qu'il a en nous, nous devons l'avoir aussi en lui. Il est le Grand Maître, et nous devons accepter que sa volonté soit faite. Il y a toujours une bénédiction spéciale et beaucoup de grâces pour ceux

Son nom est !!!

qui savent accepter les épreuves de la vie. N'oublie pas que lui-même, malgré sa puissance, il avait accepté que son propre fils soit crucifié.

Tout ceci pour te dire que ce qui se passe aujourd'hui, aussi dur et pénible que cela puisse paraître, n'est qu'une épreuve donnée par Dieu.

Il a pris soin de t'entourer de gens, comme ton mari, ta mère, ta belle-mère, ton beau-père, ton père, tes cousins et cousines, tes oncles et tantes, tes amis et amies qui sont tous unis pour t'accompagner dans cette épreuve.

Tu n'es pas seule et tu ne le seras jamais.

Je t'embrasse, ma fille, et compte sur toi pour accompagner Sacha jusqu'à la dernière minute.

Embrasse mon autre fils, Sacha. Dis-lui que je sais qu'il est prêt.

Que Dieu nous bénisse tous !

Ton papa qui t'aime,
Le 14 janvier 2008

IL EST SPÉCIAL

Les visites commençaient. Je ne voulais voir personne, ne parler à personne. Je ne répondais ni à mes appels téléphoniques ni à mes courriels. Même si je voulais, je ne pouvais tout simplement pas. Je pleurais trop et ma voix ne sortait plus.

Sacha recevait et parlait à tout le monde, à mes amis et aux siens, à ma famille et à la sienne. Comment pouvait-il ? Où trouvait-il le courage de continuer ? Comment avait-il pu survivre à ces moments ? Je l'ignore, tout ce que je sais c'est que j'étais complètement nulle et que j'avais laissé le soin à Sacha de vivre pour Ti Sacha, pour moi et pour lui. J'avais l'air d'une folle et je me comportais comme telle. Rien de bon ou de bien ne me venait à la tête, si ce n'est du désespoir et des questions auxquelles personne ne pouvait répondre.

Comme une chorégraphie bien synchronisée, un ballet de mauvais goût était entamé quand ces entités en blouse blanche commencèrent à défiler dans ma chambre et à envahir mes derniers remparts.

Ils avaient chacun un diagnostic savant à offrir, mais peu de solutions : « sa tête est plus petite que la normale, il a deux trous au cœur, son menton est trop petit, ses mains sont renfermées sur elles-mêmes. Il n'est pas normal ».

Je m'énervais. Je m'impatientais. Et ma tête fourmillait de questions : « C'est quoi 'être normal' ? Qui

Son nom est !!!

est normal ? Qui est parfait ? Qui n'a pas un petit défaut ? Tout le monde n'a pas la même tête, les mêmes jambes, les mêmes dents, le même corps ! Telles personnes ou telles autres peuvent paraître bizarres à mes yeux, pourtant elles peuvent être complètement normales. En ce qui me concerne, toutes ces histoires, tous ces pronostics de médecins n'ont aucun sens ! Je ne veux savoir qu'une chose : comment va vivre mon enfant ? »

Entre temps, ils n'avaient aucune vergogne à dire et à prédire n'importe quoi, sans avoir jusqu'ici pu nous confirmer ne serait-ce que le sexe du bébé. Grâce à Sacha, à sa sagacité, à son courage, à son amour et à sa patience, j'arrivais à tenir le coup. Je pleurais tous les jours, à toutes les heures, mais mon mari ne me lâchait pas d'une semelle. Il restait là à mes côtés, me parlant, me redonnant petit à petit, espoir et courage.

Comme si rien de pire ne pouvait m'arriver, dans la semaine qui suivit l'accouchement, je commençais à avoir l'impression d'avoir les seins sensibles, gonflés et désagréablement pleins. C'était une insupportable montée de lait. Quelle affreuse douleur ! J'avais mal et je m'en plaignais.

Sans désemparer, Sacha restait fidèle au poste toujours déterminé à m'épauler dans l'épreuve. Il m'aidait à tirer le lait, en me rappelant sans cesse que Ti Sacha y trouverait toutes les vitamines nécessaires : « Il sera bien ! Ne t'en fais pas, il sera bien ! » Me disait-il…

IL EST SPÉCIAL

Quant à moi, mortifiée par ma nouvelle réalité, je lui répondais toujours et sans manque : « Non chéri, notre vie est terminée, il ne sera jamais bien. Nous sommes condamnés. Il ne sera jamais bien ! »

Tirer le lait était un enfer, car je devais entrer dans une minuscule cabine munie d'une pompe électrique plus apte à traire une vache qu'à soulager une jeune femme en plein engorgement. Toutes les trois heures, je vivais un martyr d'autant qu'au bout de cette souffrance, je ne voulais tout simplement pas allaiter mon bébé. Avec une patience d'ange, Sacha m'accompagnait pour m'encourager à continuer.

Et les journées passèrent, toutes ces journées interminables, j'étais toujours assise au chevet de notre enfant, occupée à le regarder, à prier et à espérer. Je le regardais tout le temps en me posant toute une série de questions émaillées de doutes et dont les réponses, au bout du compte, me laissaient invariablement avec les mêmes incertitudes : « Est-ce bien mon enfant ? L'hôpital n'a-t-il pas fait une erreur ? Pourquoi, en neuf mois de grossesse, mes médecins n'ont-ils rien vu d'anormal ? Ai-je mangé quelque chose de dangereux qui aurait perturbé la croissance de mon bébé? Suis-je responsable de ce drame ? »

5. Ecce Homo[3] !

Plus la douleur est grande, plus le temps s'arrête et plus les jours s'allongent. Nos médecins avaient fixé au 18 janvier une réunion de concertation pluridisciplinaire, un terme savant pour décrire un rassemblement de médecins apte à nous donner un diagnostic un peu plus précis que : « Votre enfant parait être un garçon, cependant il faudra des tests plus précis pour vous le confirmer… »

Nous étions enfin arrivés au 18 janvier. Ces six jours avaient pris l'allure de six ans. Mes beaux-parents, le frère et les sœurs de Sacha nous avaient rejoints le lendemain du drame et ne nous avaient jamais abandonnés. Ce n'était pas une surprise pour moi.

Les Baker sont une véritable tribu, unis et solidaires, dans le bonheur comme dans l'adversité.

En réalité, le jour où Sacha m'avait présentée à eux, ils m'avaient accueilli à bras ouverts. Ce 18 janvier, au beau milieu de cette tragédie que personne n'aurait pu prévoir, leur amour, leur patience et leur volonté d'être tout simplement là pour leurs enfants qui souffraient, semblaient venir d'un autre monde. Ce 18 janvier, je

---

[3] Voici l'Homme ! Expression utilisée par Ponce Pilate dans la traduction de la Vulgate de l'Évangile de Saint Jean (19:5) lorsqu'il présente Jésus à la foule, battu et couronné d'épines.

IL EST SPÉCIAL

réalisais en pleine tempête que j'étais devenue leur fille, leur sœur et qu'ils étaient miens. Lorsque je pense à eux et à tout ce qu'ils m'ont indistinctement donné, de temps, d'indulgence et d'affection, je remercie le Bon Dieu de les avoir mis dans ma vie et je Lui demande de continuer à les bénir et de les garder tous les jours près de Son cœur.

Dès sa naissance, notre bébé avait continué à se battre[4] comme il pouvait pour survivre, mais malgré tous nos efforts, il avait perdu du poids. Le 18 janvier était là et notre réunion avec les spécialistes allait commencer. Toute la tribu s'était présentée pour entendre la sentence. Je profitai de leur présence pour fermer les yeux, me déconnecter et m'enfoncer plus profondément dans ma triste douleur.

Nous étions reçus dans la salle de conférence de l'hôpital par une flopée de médecins qui après les salutations d'usage, nous confirmaient notre première bonne nouvelle : après de multiples analyses physiques et un test d'ADN, notre bébé était bel et bien un petit garçon, un vrai garçon. Il n'y avait plus aucun doute. Je dois avouer que j'étais bien soulagée de l'apprendre, car comme constaté par son Grand-Père quelques jours plus tôt, mon petit bébé avait vraiment la tête et le

---

[4] Sans que je ne le sache et sans que je ne le désire, mon bébé commençait déjà sa mission sur terre en étant d'abord et avant tout la raison pour l'accomplissement d'une multitude de petits miracles, comme par exemple la réalisation de réconciliations inédites dans la famille.

corps d'un garçon et n'aurait pas nécessairement fait une jolie fille.

Sans se soucier du reste de la réunion et sans prendre cas des médecins qui l'observaient, la tribu avait déjà commencé à discuter du surnom qu'il fallait lui donner... Ce surnom qui dans notre famille voulait traduire notre affection pour ce petit bout de chou et qui en ferait officiellement le nouveau membre du clan. Et en ce jour du 18 janvier, à l'unanimité, notre fils chéri devint « Ti-Sach ».

Quelques moments plus tard, les médecins nous interrompaient pour continuer leur briefing. Ils avaient réussi à identifier le mal de Ti-Sach. Notre petit garçon souffrait d'une *délétion partielle du chromosome 18q*[5]. Fini la langue de bois. Le verdict était tombé comme un couperet sur nos espoirs : au terme d'une grossesse normale et sans aucun antécédent pathologique notable dans nos familles, Ti Sach était né avec des retards psychomoteurs et somatiques. Autrement dit, notre enfant était physiquement et mentalement handicapé et en plus, il avait des trous au cœur.

---

[5] D'un point de vue scientifique, une délétion du bras long du Chromosome 18 est suffisamment typique pour qu'un diagnostic soit porté sur le seul examen clinique. La rétraction de l'étage moyen de la face, la microcéphalie, le développement important des oreilles (anthélix et antitragus), la forme de la bouche, l'aspect fuselé des doigts, la déformation des pieds et des épaules, les anomalies oculaires et génitales, en constituent l'essentiel. (Lafourcade et Lejeune, 1967).

IL EST SPÉCIAL

Dans un silence de cimetière, les médecins nous expliquaient que c'était un diagnostic très rare, si rare en fait qu'ils ne pouvaient même pas nous donner un pronostic sur son avenir et nous dire comment il serait, s'il allait vivre, s'il allait souffrir, s'il était même capable de comprendre son état. Je voulais évidemment en savoir plus : « Dites-moi qu'il va vivre ; va-t-il pouvoir parler, marcher, aller à l'école ? Va-t-il me reconnaître ? Et son papa ? Pourra-t-il même dire papa ? »

Devant ce déluge de questions, les médecins restaient muets. La vérité était qu'ils ne savaient tout simplement pas. L'un d'entre eux s'aventura et dit ce qu'il n'aurait pas dû : « chaque cas est différent ! » .

« Comment cela, chaque cas est différent ? » repris-je. « Vous osez vous appeler des spécialistes et pourtant vous ne savez rien ! Vous ne pouvez rien me dire ni rien faire. Mais opérez-le, bon sang ! Guérissez-le ! C'est votre devoir, c'est votre raison d'être médecin… » Cette fois-ci, personne n'osa rien ajouter et je fondis en larmes.

Quelques minutes plus tard, ils se remettaient à parler et admettaient qu'en fin de compte, il fallait que nous laissions du temps au temps. C'est un peu dur d'attendre le temps, d'autant que je voulais savoir où j'allais et comment me préparer, mais mon petit ange en avait décidé autrement.

Ce fut le deuxième miracle de Ti Sach : celui de m'apprendre l'humilité et le respect du plan divin. Il avait décidé de m'empêcher de planifier pour lui et c'est lui qui planifiait pour moi sans me mettre au courant. Il m'apprenait à vivre mieux sans essayer de me prendre pour Dieu et de décider à sa place. Il m'apprenait à laisser ma vie suivre le chemin qu'il fallait sans essayer d'être constamment en contrôle...

Ce n'était pas facile. Une fois, perdue dans un état de déprime et de découragement total, j'avais même suggéré à Sacha de prendre la fuite avec moi et d'abandonner notre enfant aux services sociaux. Il me reprit tout de suite en me disant doucement : « il va être bien, il est à nous, il est notre responsabilité, nous nous en occuperons ». Je me rappelle encore ce jour où il perdait son calme angélique pour m'enjoindre de me taire, car je risquais de nous faire dénoncer aux Services de Protection de l'Enfant qui avait le pouvoir de nous déclarer irresponsables et incompétents et de nous retirer la garde de notre enfant.

Je fondais alors en larmes, sous l'énorme poids du remords d'avoir voulu abandonner un bébé sans défense à son sort misérable. Je portais une lourde charge, on dirait un fardeau sur le cœur qui m'empêchait de respirer.

Comme dans un film, je voyais tous les membres de la famille et tous les amis défiler devant moi. Ils parlaient tous d'une chose ou d'une autre. Ils essayaient de me

IL EST SPÉCIAL

consoler de leur mieux, mais je n'arrivais pas malgré moi, à me concentrer et à comprendre ce qu'ils disaient. J'étais en réalité fâchée contre eux, car ils allaient tous bien. Leur petite vie était parfaite : après leur visite de sympathie, ils allaient retourner à leur traintrain quotidien alors que pour moi c'était le chaos total.

Je ne les aimais plus, je les détestais même. J'avais l'impression d'être sur une autre planète, celle des gens qui avaient arrêté de vivre. Je les voyais comme des gens qui jouissaient de leur existence, alors que moi, j'étais une intruse qui avait tout perdu, jusqu'à la raison.

Je me rappelle encore de certains commentaires comme : « on t'aime ; on est là pour toi », et même des reproches, comme : « pourquoi ne réponds-tu pas aux appels ? » Alors que la seule chose que je voulais désespérément entendre était : « ton fils est bien, il va guérir, car on a découvert un remède miracle ». J'avais de plus en plus l'impression que ma vie n'allait pas plus loin que cette petite bulle qu'était ma routine à l'hôpital et que tout ce qui était autour n'était qu'un rêve inaccessible.

6. Un cœur d'Ange

Notre bébé est né avec deux trous au cœur et ne pesait que quatre livres. Son cardiologue nous avait prévenus qu'il devrait être opéré au plus vite, mais qu'il fallait pour cela qu'il pèse au moins douze livres. Nous étions persuadés que cette opération allait considérablement améliorer son état et ces douze livres devinrent notre raison de vivre.

Ti Sach continuait à se battre et faisait des progrès : il mangeait bien et il prenait tous ses biberons ; il gagnait du poids lentement mais sûrement. Le 23 janvier, les médecins nous annonçaient une excellente nouvelle : notre enfant faisait des progrès, et à ce rythme, nous allions bientôt pouvoir rentrer chez nous avec lui.

Malgré tous les efforts de ceux qui l'avaient construit, ce superbe hôpital, avec son architecture futuriste et ses magnifiques murales aux couleurs pastel, était devenu pour nous une prison. Il y avait trop d'enfants malades, trop de bruit d'appareils, trop de pleurs, trop de désespoir, trop de souffrance pour que nous y trouvions peu de consolation...

Nous y avions vu tellement d'enfants à problèmes, nous y avions rencontré tant de parents inconsolables... Je me rappelle encore cette jolie petite fille

IL EST SPÉCIAL

née en état de mort cérébrale, et cet autre enfant déformé né avec la moitié de son cerveau. C'était une atmosphère terrible, dans laquelle les enfants étaient stressés et les parents exténués. Alors que nous faisions tout pour nous supporter les uns les autres, au bout du compte, nous étions tous fatigués, déprimés et désireux de nous enfuir le plus vite possible de cette prison aux couleurs apaisantes.

Sacha et moi nous précipitâmes pour faire l'acquisition d'un siège pour enfant et d'une poussette. Tant que nous y étions, nous avions aussi décidé de changer la layette de bébé. Il était bel et bien un petit garçon et il était hors de question de l'habiller constamment en rose. En apprenant notre histoire, aucun des responsables de magasins ne s'était fait prier pour permuter tout ce qu'on avait et en moins de temps qu'il ne faut pour le dire, le linge de Ti Sach avait rapidement changé de couleur et était maintenant dans de jolis tons de vert ou bleu.

Soulagée d'être débarrassée de tous ces vêtements de petite fille, je pouvais respirer un peu mieux et me laisser aller à admirer les nouvelles tenues de mon petit garçon. Mais, « *le bonheur est éphémère, il passe sans s'arrêter, il s'attarde parfois, l'espace d'une illusion... Il est si fragile, si vulnérable ; il suffit de trois fois rien pour l'effrayer, le voir fuir à jamais*[6] ». Le moment de retourner à l'hôpital était arrivé.

---

[6] Fleurette Levesque, Extrait de « Pourquoi ? »

Un cœur d'Ange

En arrivant sur les lieux, nous avions été accueillis par une infirmière qui nous cherchait partout pour nous informer que l'état de Ti Sach s'était détérioré en notre absence. Une nouvelle complication venait de surgir. Nous ne pouvions plus laisser l'hôpital avec lui, car ses médecins venaient de constater qu'une partie de la nourriture qu'il prenait était passée dans ses poumons et le mettrait en danger de mort si rien n'était fait immédiatement.

Après une nouvelle réunion de concertation pluridisciplinaire, nos médecins nous expliquaient que nous n'avions pas de choix et qu'il fallait absolument opérer notre enfant pour lui installer une sonde de gastrostomie (un G-tube) qui serait connectée directement à l'estomac afin de lui permettre de recevoir sans aucun risque une alimentation appropriée et de grossir.

J'avais l'impression de perdre la raison. Les problèmes empiraient. Mon fils n'allait pas mieux.

En attendant cette nouvelle opération, la vie continuait. Doucement, tendrement, patiemment, nous apprenions à connaître notre enfant. La bonne nouvelle dans tout cela est que je commençais à l'avoir dans la peau et que je m'y attachais sérieusement. J'apprenais à m'occuper de lui, à comprendre ses besoins et comme les visites familiales se faisaient de plus en plus rares, je me retrouvais seule avec lui, d'autant que Sacha s'attelait à des démarches administratives pour l'hôpital et l'assurance.

IL EST SPÉCIAL

Je profitais donc du temps seul avec mon fils pour le regarder, l'examiner, le déshabiller, respirer son odeur... Il aimait que je le prenne dans mes bras, que je lui chante des berceuses, que je lui parle... Doucement, mais surement, je tombais éperdument amoureuse de mon petit bout de chou. Il avait tant besoin de moi, de mon amour, de mon affection, retrouvant petit à petit l'instinct maternel. Sacha me regardait du coin des yeux et était si heureux de constater que finalement je m'accrochais à notre petit ange. Je l'aimais avec ses imperfections de son petit menton, son petit corps tout menu. Il venait de moi et il souriait en me sentant près de lui. Je lui demandais pardon de l'avoir négligé et lui promettais de toujours le protéger de cette vie difficile et amère.

Les tests continuèrent. Les médecins nous confirmèrent que sa vision était parfaite. Ce jour-là était un bon jour : mon fils pouvait me voir. Pour ses pieds, on lui mettrait un support pour les aider à reprendre leur place. Ti Sach pleurait et c'était aussi une bonne chose, car il ressentait la douleur. Ce jour était encore un bon jour.

En attendant de lui installer la sonde de gastrostomie, les médecins lui installèrent une sonde gastrique -un tube qui lui passait par la bouche et allait dans l'estomac. C'était un spectacle pénible à voir, mais Ti Sach ne souffrait apparemment pas. De toute manière, comme si ça aurait pu le distraire, pour palier à toute douleur éventuelle, nous le gâtions déjà en lui apportant vêtements neufs et toute une pléthore d'animaux en peluche. Nous lui avions même installé un « iPod » rempli de chansonnettes pour enfants.

Avec juste deux chaises à côté du lit, diverses décorations, des images de Marie et de l'Enfant Jésus sur les murs et de la musique de fond, petit à petit, nous avions fait de ce petit coin d'hôpital, un havre de paix et de sérénité.

Le 29 janvier, la situation s'était compliquée. Ti Sach n'arrivait plus à respirer correctement. Il commençait à montrer des signes d'insuffisance cardiaque. Les médecins essayaient de leur mieux pour le soulager. Il était trop faible et trop frêle pour une opération à cœur ouvert. Ti Sach devenait remarquablement plus pâle. Sacha et moi étions pétrifiés par la peur et ne pouvions rien faire d'autre que de prier pour lui. Je n'en pouvais plus et je m'enfuyais de la chambre ne pouvant plus supporter de voir mon enfant souffrir autant.

Un peu plus tard dans la soirée, n'ayant plus le courage d'affronter une autre déception, je laissais à Sacha le soin de retourner à l'hôpital et d'aller aux nouvelles. Une fois de plus, la mort dans l'âme, je m'insurgeais contre le Bon Dieu et recommençais mes négociations avec Lui : « Pourquoi me l'avoir donné si tu le reprends si vite ? Il est trop tôt. Pardonne-moi d'avoir été si égoïste au début, laisse-le vivre. Je vais m'en occuper, je vais le protéger, je l'aime, je le veux. Aie pitié de ma petite famille, Seigneur ! »

IL EST SPÉCIAL

Je m'étais alors enfermée dans la toilette en ouvrant le robinet de la douche pour masquer mes bruits et hurler ma peine.

7. Le baptême

Nous n'avions jamais eu si peur de le perdre qu'en ce moment ; tant et si bien que nous avions demandé à l'hôpital de nous mettre en contact avec un aumônier qui pourrait prier avec nous et le cas échéant lui donner l'extrême-onction. L'infirmière de service revint un instant plus tard avec un prêtre et c'est ainsi que Ti Sach reçut le baptême en pyjama sur son lit d'hôpital avec seulement présent son parrain Charles Henri, sa marraine, Marie Carmel, Sacha et moi.

L'unité de soins intensifs néonatals avait de stricts règlements qui empêchaient que plus que deux personnes à la fois soient avec un patient. Ce jour-là, les responsables firent une exception: quatre personnes et un prêtre étaient rassemblés autour de Ti Sach et le baptême put avoir lieu. Le prêtre fit la cérémonie en espagnol. Nous n'y comprenions absolument rien, mais nous étions heureux que notre enfant ait été béni et que l'amour de Dieu fût désormais premier dans sa vie.

Le lendemain, nous retrouvions Ti Sach couché sur son lit avec une bien meilleure mine. L'onction des malades avait réussi et il s'était bien réveillé ; on aurait dit qu'il n'avait jamais eu de malaise la veille. Lorsqu'il nous revit, il sourit. Sacha lui lisait une histoire d'enfant et il souriait encore, son cœur et son souffle se stabilisaient avec l'aide des médicaments. Il

IL EST SPÉCIAL

avait retrouvé sa couleur et il attaquait son suçon avec voracité. C'était vraiment le fils de son papa.

Dans notre détresse, nous avions quand même vécu des moments inoubliables dans cet hôpital. Charles-Henri, le frère aîné de Sacha et le parrain de Ti Sach, avait été remarquable: tous les jours, il conduisait plus de deux heures pour venir nous visiter et nous apporter son aide morale avant de repartir chez lui.

Il ne s'en plaignait jamais et se contentait de venir nous tenir compagnie. Selon l'humeur du jour, il pouvait plaisanter avec nous, rire aux éclats ou se ressaisir et garder un silence de moine bénédictin. Plus d'une fois, nous avions violé les règlements de l'hôpital en fermant le rideau de notre coin de chambre et en nous asseyant à trois autour de Ti Sach pour l'examiner, causer sur son cas, et discuter de l'avis et des pronostics des médecins. Pour nous divertir et nous permettre de souffler un peu, Charles-Henri nous apportait parfois de bonnes nouvelles de l'extérieur qui nous redonnaient de l'espoir. Pour avoir partagé notre montée au Calvaire avec tant de patience et d'amour, Charles-Henri a déjà, d'après moi, gagné sa place au paradis.

En pleine turbulence, la vie continuait son inexorable chemin. Et le trois février ramenait notre anniversaire de mariage. Sacha me fit l'agréable surprise de faire chercher notre fils aîné Yann pour passer quelques jours avec nous. Mes hommes étaient avec moi et je me sentais gâtée. Bien que Yann fût mineur et interdit d'accès à la salle d'urgence, les infirmières lui avaient fait un passe-droit en lui permettant de rentrer dans la salle pour y voir son frère. J'étais aux anges, car c'était la première fois depuis la naissance de Ti Sach, que notre petite famille était réunie. C'était aussi mon premier sourire en trois longues et douloureuses semaines.

En plus de la patience, Ti Sach nous apprenait l'humilité et la reconnaissance. Un petit rien nous apportait un grand bonheur. Le voir sourire ou prendre son lait sans le rejeter était des exploits extraordinaires et nous en étions aussi fiers que s'il avait réussi son baccalauréat avec mention.

Yann de son côté était exceptionnel. Il avait eu le coup de foudre et était littéralement tombé amoureux de son frère à première vue. Sans retenue et sans en avoir peur, il l'avait caressé, embrassé et l'avait porté sur ses jambes pour le tenir près de lui en lui témoignant toute l'affection qu'il lui vouait. Contre toutes mes appréhensions et dès le premier jour, un lien s'est formé entre ces deux êtres qui ont redonné du courage au petit bout de cœur qui me restait.

Yann avait l'esprit vif et me posait mille questions sur l'état de son frère. Je trouvais malgré moi les mots qu'il fallait pour tout lui expliquer dans les moindres détails. Sans que je le lui demande, il me promettait alors de le chérir, de l'aimer et de le protéger. Nous

IL EST SPÉCIAL

rendions ensemble visite aux autres enfants malades de l'hôpital et il réalisait que son petit frère n'était pas seul au monde. Le Bon Dieu nous avait confié Ti Sach et nous nous disions bénis de l'avoir, car c'était un témoignage de sa confiance en nous. Ti Sach avait des limites, certes, mais notre Seigneur savait que nous étions capables de lui donner tout le support, tout l'amour et toute la patience dont il aurait besoin. Yann accueillit son frère beaucoup mieux que je ne l'espérais ; mais je réalisais aussi que nous aurions toujours à le suivre et à l'encadrer, car des moments de doute et de chagrin l'attendaient sûrement au tournant.

Comme un coup de tonnerre dans un ciel serein, les médecins nous annonçaient que Ti Sach avait pris le poids escompté et que son opération à l'estomac aurait lieu incessamment. Yann et Sacha décidaient qu'il lui fallait un jouet de plus et partaient immédiatement faire du shopping. Ils lui achetaient un lion en peluche qu'ils confectionnèrent eux-mêmes et qu'à l'instar de Sacha ils habillèrent en militaire, espérant peut-être que cela l'encouragerait à se battre envers et contre tout.

Au petit matin, Ti Sach entrait en salle d'opération et nous nous installâmes patiemment dans la salle d'attente. Quelques heures plus tard, il nous revenait épuisé, et il était en pleurs. Il avait bien supporté l'opération, mais il avait mal. Par la grâce de Dieu, ce n'était pas très grave : avec un peu d'analgésique, sa santé s'améliorait peu à peu.

8. Le temps passe lentement

Nous étions le 12 février. Nous venions de boucler notre premier mois à l'hôpital et nous avions l'impression d'y avoir passé toute une vie. Ti Sach était devenu notre héros : son papa l'appelait son champion... Malgré toutes les difficultés et tous les revers qu'il avait eus à endurer très tôt dans sa vie, chaque fois qu'il nous voyait, qu'il nous entendait ou qu'on le prenait dans nos bras, il souriait.

Entre-temps, l'hôpital nous préparait petit à petit à partir avec notre enfant. Les infirmières l'habituaient patiemment à s'asseoir dans un siège-auto de nourrisson. En dépit de son petit gabarit qui le faisait littéralement disparaître dans le siège, chaque essai devenait plus facile que le précédent, et rapidement, ils le déclarèrent apte au service, « *fit for duty* ». L'hôpital nous fit ensuite suivre des cours de réanimation cardio-respiratoire (RCP) au cas où il arrêterait de respirer et des cours de monitoring cardiaque, car ils lui avaient attaché un appareil au cœur pour en surveiller les battements, au cas où il aurait un arrêt cardiaque. Ils nous remettaient notre bébé en nous préparant au pire. En dépit de tout, nous avions fait un énorme pas en avant.

Pour le recevoir, nous avions fait appel au service d'une compagnie spécialisée pour nettoyer la maison et la désinfecter. Ti Sach était toujours fragile et il n'était pas question qu'il attrapât un microbe, quel qu'il fût. Nous étions paniqués à l'idée de nous retrouver loin des services spécialisés de l'hôpital, mais nous étions exaltés de pouvoir dormir et de nous réveiller avec lui. Entre le désespoir et la peur de la vie qui nous attendait, nous respirions enfin à l'idée de quitter l'hôpital.

Le 15 mars, les médecins signaient enfin l'exeat de Ti Sach. Avec ma belle-mère et Sacha, nous déménagions dans la voiture qui devait nous ramener à la maison tout un bataclan accumulé en deux mois de séjour à l'hôpital. Une fois le moment venu de transporter notre enfant, nous étions assez maladroits avec le G-tube connecté à son estomac et le moniteur cardiaque sur sa poitrine, mais il nous fallait tenir le coup et notre nouvelle vie commençait avec notre petit ange.

La vie hors de l'hôpital était déjà une étape majeure vers un avenir meilleur. Les nuits étaient dures. Ti Sach pleurait seulement pour manger, mais le nourrir n'était pas chose facile. Il nous fallait garder le bras en l'air pour que la nourriture descende par gravité dans le tube puis dans son estomac. C'était un processus long, lent et fastidieux. Il prenait du temps, mais il fallait rester bien éveillé pour éviter de causer de grands dégâts. Notre petit bout de chou était délicat et en dépit de tout, nous devions nous adapter.

Le temps passe lentement

Notre vie avait complètement changé et nous devions apprendre à vivre dans un appartement si loin de chez nous, où il y a à peine quatre mois, nous menions une vie douillette et sans soucis. Nous devions apprendre à nous occuper d'un enfant à problèmes. C'est ainsi que tous les jours et sans exception, nous faisions la tournée chez les différents médecins. Nous visitions un pédiatre pour les soins réguliers et les suivis de vaccins ; un urologue pour ses testicules ; un neurologue pour le développement du cerveau ; un cardiologue pour son cœur ; un orthopédiste pour ses pieds et son dos ; un généticien pour ses chromosomes ; un gastroentérologue pour ses problèmes digestifs ; un diététicien pour son régime alimentaire ; un chirurgien pédiatrique pour le G-tube ; un endocrinologue pour évaluer sa croissance ; un ergothérapeute ; un physiothérapeute ; un orthophoniste… ; bref, la liste était longue et constituait notre routine quotidienne.

Doucement, mais sûrement, en dépit de mes meilleurs efforts, je sombrais dans la déprime : je trouvais la vie si dure et injuste. Je voulais que Ti Sach soit comme les autres enfants. Je jurais de ne plus jamais tomber enceinte. Je voulais pouvoir recommencer ma vie sociale. Je voulais pouvoir aller au restaurant, au cinéma. Bref, je voulais recommencer à vivre. Je devenais une égoïste qui pensait que tout se liguait contre moi et ne faisait que rêver d'un monde auquel elle n'appartiendrait plus jamais. Je n'arrivais plus à tolérer la vue d'un bébé normal. J'étais pleine de remords et j'en souffrais à en mourir.

IL EST SPÉCIAL

Babeth et Roger vinrent nous rendre visite et réalisèrent que je n'allais pas bien. Elle arrangea une visite avec un psy. Je m'y rendis avec réticence en compagnie de Sacha. Je ne croyais sincèrement pas que quiconque puisse comprendre mes problèmes, mes rêves, mon désespoir, ma haine, mon amour... tous ces sentiments contradictoires qui me meurtrissaient le cœur... Par contre, les calmants et les antidépresseurs qu'il me prescrivait valaient de l'or. Ils me permettaient de dormir et de me déconnecter pour un temps de la réalité.

Très rapidement, je refusais de continuer la thérapie préférant parler à d'autres parents d'enfants malades que je rencontrais tous les jours dans les salles d'attente de l'hôpital. Plus que tout, réaliser que je n'étais pas seule à vivre ce genre de drame me redonnait du courage. La clé de la cure était de parler et d'évacuer la peine à travers les mots. Cependant, il fallait trouver la bonne personne, celle qui comprendrait ma situation pour l'avoir vécu jusque dans la moelle ; pas celle qui par manque d'empathie ou de charité, se croyait autorisée à me faire la morale.

Ti Sach avait maintenant deux mois et Sacha recevait des pressions de son patron pour qu'il retourne au travail. Nous décidions alors avec l'accord des médecins de rentrer ensemble en Haïti pourvu que nous retournions toutes les trois semaines pour un bilan général.

Le temps passe lentement

Le retour chez nous me fit beaucoup de bien. Je recommençais à respirer. Je m'occupais de mon jardin. J'arrangeais ma maison. Mes amies les plus proches me rendaient visite et m'apportaient un peu du parfum de la vie. Elles me rapportaient les *zens*, les derniers commérages de la ville. Je me sentais revivre, même si je ne voyais pas beaucoup de monde, juste le fait d'être chez moi, me rapprochait d'une vie plus ou moins normale. Et c'était très important pour moi, me sentir normale, me sentir en vie. À la maison, je retrouvais l'aide d'une cuisinière, d'une infirmière et d'une nounou. Je dormais mieux et j'arrivais doucement à me remettre de la fatigue des cinq derniers mois et à moins pleurer.

IL EST SPÉCIAL

9. L'avenir …

L'avenir, fantôme aux mains vides, qui promet tout et qui n'a rien.

Victor Hugo, Extrait de « Les Voix Intérieures ».

Ti Sach avait maintenant six mois et le moment de son premier bilan médical était arrivé. J'étais retournée seule à Miami avec lui et notre voyage avait été difficile et déprimant. Heureusement, Charles-Henri, son parrain, devait nous récupérer à l'aéroport et allait nous accompagner pendant notre séjour. En quatre jours, nous devions voir une douzaine de médecins et je devais me préparer émotionnellement à recevoir toute une kyrielle de bonnes et de mauvaises nouvelles. À chaque rencontre avec un médecin, l'angoisse et la déprime m'envahissaient.

Le gastroentérologue voulait faire un test de la gorge, de l'œsophage et de l'estomac pour savoir si Ti Sach pouvait recommencer à se nourrir normalement par la bouche. Si le test était négatif, nous devrions attendre un an de plus avant de le refaire. J'avais la trouille, mais je voulais tellement que Ti Sach retrouve un tant soit peu de normalité, ne serait-ce qu'en se nourrissant. Je voulais tellement qu'il ne surprît, ne dérangeât, ni n'attirât la curiosité de personne.

IL EST SPÉCIAL

Alimenter un bébé à l'aide d'un tube était un processus complexe qui demandait beaucoup de patience. Dans les avions, la nuit, à n'importe quelle sortie, chaque fois que je devais nourrir Ti-Sach, nous attirions toutes sortes de regards inquisiteurs et dérangeants. J'en avais assez et j'essayais toujours de planifier ses repas entre nos déplacements.

En dépit des risques évidents, nous consentions à faire le test. Le médecin lui donna trois liquides radioactifs à boire, chacun d'une viscosité différente. Entre chaque liquide, Ti Sach était mis en examen et était suivi par un ordinateur qui en observait le parcours. Trop occupé à lui faire boire ces mélanges et à le calmer, je ne pouvais suivre l'examen. J'avais laissé cette tâche à Charles-Henri qui était avec les spécialistes en train de suivre les développements.

Après de longues minutes d'attente, le médecin me retrouvait en souriant. Elle m'embrassait et m'annonçait la bonne nouvelle : Ti Sach pouvait recommencer à manger normalement, comme les autres enfants. Charles-Henri et moi avions alors pleuré de joie. C'était un jour inoubliable : mon petit trésor venait d'accomplir quelque chose d'extraordinaire. Il avait franchi un obstacle de plus, il avait fait un pas de géant.

L'orthopédiste, quant à lui, décidait de lui mettre des plâtres aux pieds pour les corriger sans chirurgie. Il

L'avenir ...

fallait changer ces plâtres toutes les trois semaines, histoire de laisser Ti Sach grandir et de permettre à ses membres inférieurs de retourner à leur place. À chaque visite chez l'ortho, il versait toutes les larmes qu'il avait de son corps. Il souffrait certes, mais c'était le meilleur moyen d'éviter une autre opération.

Trois semaines plus tard, nous étions le 26 septembre et le cardiologue nous annonçait que notre bébé était prêt pour l'intervention au cœur. Vu l'importance de l'opération, Sacha décidait de m'accompagner. Nous étions tous les deux terrifiés, terrifiés à l'idée que nous le perdions.

Ti Sach rentrait en salle d'opération à 7 h 30. Il souriait comme pour nous dire de ne pas nous inquiéter. Il avait de plus en plus l'air de comprendre tout ce que nous ressentions autour de lui. Il était un enfant extraordinaire. L'attente interminable nous forçait à la prière.

IL EST SPÉCIAL

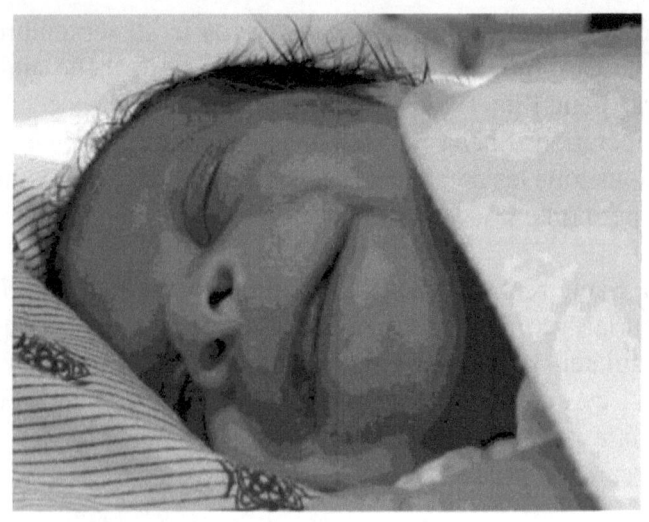

L'avenir ...

Toute la tribu avait fait le déplacement pour nous supporter une fois de plus, marraine Marie Carmel, mon oncle Reynold, Fouille et Papili. Cinq heures plus tard, Ti Sach sortait de la salle d'opération et ses médecins entonnaient un « joyeux anniversaire ». Ils nous avouaient alors que l'opération comportait des risques substantiels, et que Ti Sach aurait pu y succomber. Il avait fait une petite allergie à un des médicaments, mais il allait bien. L'opération avait réussi et son cœur fonctionnait normalement. Du jour au lendemain, il avait repris sa couleur et un grand sourire égayait son visage.

IL EST SPÉCIAL

10. Retour à la maison

Nous étions une fois de plus de retour en Haïti. Ti Sach était maintenant stable et nous lui avions trouvé une excellente Nounou. Je décidais alors de reprendre mes activités professionnelles. Jusqu'ici, mes patrons avaient été exemplaires me permettant une absence prolongée, mais je ne voulais pas abuser de leur indulgence plus longtemps. Nous avions fixé le 1er décembre 2008 comme date butoir pour la reprise de mes activités professionnelles.

La veille, le 30 novembre, en pleins préparatifs pour reprendre le cours de ma vie, j'étais aussi très inquiète pour Ti Sach, car en presque un an, il ne connaissait et n'était habitué qu'à son papa et à moi. Mais en même temps, j'avais hâte de reprendre une vie quasi normale. Je voulais vivre et j'avais soif de cette vie que je voyais derrière les barreaux de mes fenêtres.

Une fois encore, le destin en décida autrement, Ti Sach passa la nuit à hurler. Nous étions pris de court, car tous ses médecins spécialistes étaient si loin de nous. Le lendemain au petit matin, après une nuit blanche, Sacha et moi foncions à l'hôpital. Je pris cependant la précaution de demander à ma mère d'amener Yann à l'école comme si de rien n'était et d'appeler mes patrons pour leur annoncer, la mort

IL EST SPÉCIAL

dans l'âme, que je ne pourrais pas reprendre mes activités comme prévu ce jour-là.

Yann était triste ce jour-là. Les enfants à l'école avaient été méchants envers lui la veille en le taquinant et en lui disant que son frère était bizarre. Je n'eus pas à intervenir, car il avait une excellente institutrice qui, consciente du drame, avait décidé de demander à toute l'école de prier pour Ti Sach tous les jours. Ainsi, le frère de Yann ne fut plus un mystère ou un mythe, mais le frère d'un ami pour qui l'on priait tout simplement. Yann en fut réconforté et dès lors, on ne nous rapporta plus d'incidents.

Ti Sach passa quatre nuits à l'hôpital. Son pédiatre avait diagnostiqué une pneumonie. Nous revenions à la maison quatre jours plus tard, soulagés, car le problème était résolu. Le lendemain, je recommençais finalement à travailler.

Retourner dans le monde fut en gros un exercice salvateur, bien que périlleux des fois. Je m'en voudrais à ce stade de ne pas mettre en garde tous ceux et celles qui traversent un moment difficile contre les chiromanciens, diseurs de bonne aventure et autres voyantes qui profitent de ces moments d'extrême vulnérabilité pour offrir leurs services. La vraie solution est dans la prière et dans l'amour.

11. Face à la réalité

Depuis mon plus jeune âge, j'ai toujours aimé la période de Noël, avec ses décorations, ses sapins, ses chants, ses fêtes de famille au cours desquelles je dansais toujours allègrement. Mon premier Noël avec Ti Sach était terriblement triste. J'avais le cœur brisé et j'étais désespérée. Mon fils avait onze mois : il ne parlait pas, il n'arrivait pas à s'asseoir, il ne rampait pas à quatre pattes, il ne pouvait évidemment pas se tenir debout, encore moins marcher.

Bien que mon cœur n'y fût pas, pour plaire à mon mari qui aime énormément sa famille, j'acceptai d'aller réveillonner. Déprimée, angoissée, mal à l'aise, j'avais peur de pleurer en public. Je n'avais pas le cœur à la fête. Pour achever le tout, mon cœur se déchirait toutes les fois que les petits qui n'avaient jamais été en contact avec un enfant différent faisaient une réflexion sur mon petit ange. Les enfants en avaient peur et s'inquiétaient en le voyant. Ils ne comprenaient pas sa situation ; pourquoi il était comme cela.

Je demandais au Bon Dieu de me sauver et de m'aider à disparaître. Je voulais prendre mon enfant et me sauver avec lui loin du monde, loin de la famille. Et ma nuit se passa ainsi jusqu'à notre retour à la maison. Ce n'était pas la première fois que cela m'arrivait et

IL EST SPÉCIAL

malgré moi, je jetais un froid dans toutes les réunions de famille auxquelles je participais. Tous sentaient ma détresse, ma vulnérabilité et mon mal-être. Les pauvres ne savaient pas comment agir avec moi... je ne savais pas en réalité où me tenir et je n'avais pas compris que c'était ma responsabilité de les rassurer. Doucement, j'étais arrivé à la conclusion que pour empêcher ces moments, je devais éviter de participer aux réunions de famille.

Le 12 janvier 2009 arriva et ramenait le premier anniversaire de Ti Sach. Je n'étais vraiment pas bien dans ma peau. Je me culpabilisais devant ce petit être qui n'avait pas demandé à venir au monde, j'espérais tant pour lui. Ce petit être fragile, vulnérable qui déjà connaissait tant de souffrance pour laquelle j'étais pratiquement impuissante à l'aider. Je ne voulais pas organiser de fête. Je ne voulais pas non plus couper des gâteaux. Mais la tribu en avait heureusement décidé autrement.

Ce n'était pas facile de vivre ce drame. Devant mon désarroi et mon désespoir, certaines personnes avaient tendance à me critiquer, à me trouver bizarre, laissant apparaitre un manque d'empathie, mais personne ne pouvait se mettre dans mes souliers. C'était mon fils qui était malade. Il n'était pas malade pour quelques jours. Il était handicapé pour la vie.

Au diable les autres ! Je pensais pouvoir trouver seule toutes les ressources émotionnelles et spirituelles pour

Face à la réalité

soulager la souffrance de Ti Sach, celles de mon mari et celles de Yann ; mais j'avais beau chercher au plus profond de mon être, je ne trouvais rien. C'était mon fardeau et pas les leurs.

Je regardais les autres enfants, les autres familles heureuses qui n'avaient aucun souci et ne prenaient pas la vie au sérieux. Notre Ti Sach souffrait d'une maladie dont nous n'avions jamais entendu parler : il ne pourra peut-être jamais parler, il n'arrivera jamais à s'assoir ou à marcher. Malgré mes meilleurs efforts, je n'arrivais pas à retrouver ma joie de vivre.

Petit à petit, la sagesse me gagnait. L'apprentissage de l'humilité et l'acceptation du plan divin furent désormais partie intégrante de ma vie, de mon quotidien. Doucement, mais surement j'apprenais à me détacher des futilités mondaines, des richesses et des biens matériels ; ma vie prenait un tournant spirituel. Je me sentais libre et dépouillée de toutes obligations.

Je n'ai pas toujours été reconnaissante, comme il le fallait, à tous nos proches qui nous avaient supportés pendant cette accablante première année. Pour leur témoigner de notre gratitude, lors de l'anniversaire de Ti Sach, nous leur avions écrit ce qui suit:

IL EST SPÉCIAL

À Nos Familles
Il y a un an, à la naissance de notre bébé, nous avons vécu une expérience difficile. Pour nous, la vie n'avait pas de sens et nos rêves étaient tombés à l'eau.

Nous ne comprenions pas ce qui se passait, c'était le début d'un parcours inattendu et incroyable que nous entreprenions.

Après des jours d'attente interminable à l'hôpital, les médecins nous ont finalement donné un diagnostic sur notre Ti Sach.

La vie est dure, incompréhensible, parfois même injuste. Mais nous n'irons pas jusque-là, car grâce à vous tous, notre petite famille (Sacha, Myriam, Yann et Ti Sach) a réussi à avoir une première année pleine de joie et d'espoir.

Certains jours sont plus difficiles que d'autres, mais vous nous avez tous prouvé qu'avec la famille, lorsqu'elle est unie, rien n'est insurmontable.

Aujourd'hui est un jour assez dur pour notre couple, car nous revivons, au détail près, cette terrible nuit du 11 au 12 janvier 2008.

Les médecins pensaient que Ti Sach ne vivrait pas longtemps, mais grâce à Dieu, il est là, et il nous prouve chaque jour que la médecine n'a aucun pouvoir sur les desseins de Dieu.

Il est un petit bonhomme très fort et chaque fois qu'il nous sent un peu tristes ou découragés, il accomplit quelque chose, même de minuscule, pour nous dire d'espérer et d'aller de l'avant.

Face à la réalité

Nous ne saurons jamais pourquoi il est né avec des limites. Mais nous savons une chose, ce petit ange a déjà fait une multitude de petits miracles durant sa première année.

Nous savons que pour certains d'entre vous, comme pour Charles Henri et Mémé, nous avons, plus d'une fois, bouleversé vos vies de tous les jours, nous vous prions de nous en excuser et vous en sommes très reconnaissants.

À Mon Papi Harold et à ma Mèmère d'amour, Papili et Foufouille, merci !

À Pascale et à Kristopher, toujours disponibles et à notre service, merci !

À Michou, pour ton support, merci !

À Ronald et à Nathalie pour tout le support et l'hébergement de Ti Sach pendant ces premiers mois, merci !

À Bea et à Patrick qui nous ont donné tous les jours, les moyens de circuler et de nous rendre à l'hôpital, merci !

À Marraine Marie Carmel et à Tati Valou, merci pour tout !

À Pipo et à Cats, merci pour tout !

À Ti Pat et Regi pour votre support, merci !

À la Galerie de Boutilliers, je suis sans mot !

Gerry, tu es toujours là quand on a besoin de toi.

À Babeth et à Roger, pour vos conseils et votre support, merci !

Tante Joce, merci pour toutes tes prières.

Tante Keki pour ton support !

IL EST SPÉCIAL

À Tati Doly pour toute l'aide que tu nous as donnée, merci !
À Tati France pour ton support, merci !
À Caeli pour ta compagnie, merci !
À Fabi pour ton dévouement, merci !
À Carl Fred, Katherine, Karine et Sonia, toujours disponibles pour Yann ; Merci !
À Kiki et Lilou pour être toujours présente comme des sœurs, merci !
À Valou et Pipo pour votre support et Monique pour les prières.
À mes irremplaçables amies : Tina, Jo, Ma, Tijo, Isa, Flo et Valou, merci !
À toutes les familles Baker, Apaid, Dupoux et Elie, à vous tous et à chacun d'entre vous qui nous avez touchés, Merci du fond du cœur !

Nous ne pouvons pas dire que nos déboires avec Ti Sach sont finis. Ils dureront peut-être, toute notre vie. Il est parfois bien et plein d'énergie pour se battre, d'autres fois il paraît trop fatigué pour continuer.

Il n'est pas toujours au meilleur de sa forme. Sa santé ne nous permet pas encore de le partager avec vous autant que vous le voudriez, mais un jour viendra où il ira mieux et où vous aurez le plaisir de passer avec lui tout le temps que votre cœur désire.

Ti Sach ne sera jamais comme les autres, mais il est notre petit ange, le vôtre et le nôtre et nous l'aimons de tout notre Cœur.

Face à la réalité

Merci infiniment pour votre support et votre amour.

Sacha, Myriam, Yann et Ti Sach.

IL EST SPÉCIAL

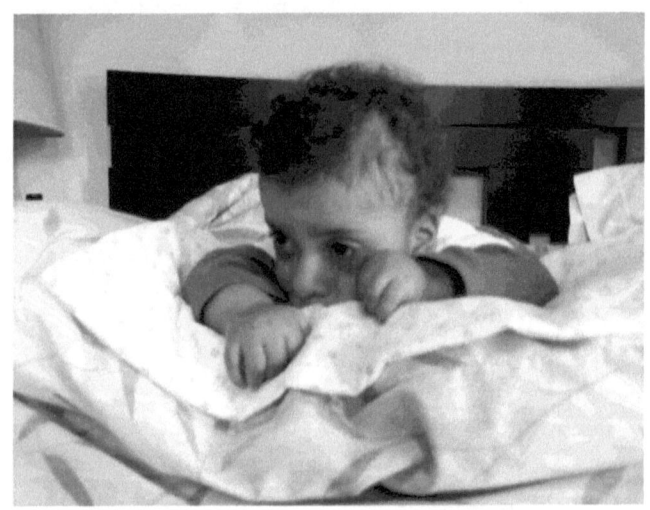

12. Nous sommes sur les dents !

Nous entamions la deuxième année de Ti Sach avec une farouche détermination à lui créer un environnement où il pourrait grandir et progresser.

Le rythme des voyages continuait. Toutes les trois semaines, nous repartions vers les États-Unis pour le faire consulter par ses médecins. Ils étaient satisfaits de ses progrès, mais Ti Sach ne parlait toujours pas. Il ne s'asseyait pas et il ne marchait pas non plus. J'étais très inquiète, mais je priais pour lui sans cesse. Je suivais la thérapie avec lui et je lui donnais tout l'amour que j'avais dans le cœur.

Le 31 mars 2009, sa première dent perçait. Quel bonheur ! Avec cette dent disparaissaient certaines inquiétudes des médecins qui voulaient lui faire une radiographie des gencives afin de voir s'il aurait des dents.

« Merci Seigneur, mon fils a des dents. Merci pour celle qui a percé ». Les canines sortaient au fur et à mesure. Elles m'alarmaient, car je les trouvais un peu jaunâtres ; et je m'inquiétais. C'était une banalité, mais j'étais au bord des larmes. Le médecin me calmait en me disant d'attendre qu'il grandisse un peu, en me recommandant de les brosser. Je le fis ; et comme par miracle, elles redevinrent blanches. Le premier juillet,

IL EST SPÉCIAL

les incisives sortaient et avec elles, les rages de dents commencèrent.

Pour chaque dent qui perçait, Ti Sach hurlait pendant 72 heures sans arrêt. C'était un horrible supplice pour lui et pour nous. J'étais vidée de mes forces. Sacha, qui jusqu'ici avait été un roc, perdait son optimisme débordant et son calme olympien et nous nous chamaillions constamment.

Le 29 juillet ramenait l'anniversaire de Sacha. J'étais de bonne humeur et déterminée à fêter l'homme de ma vie. J'invitais toute la tribu à célébrer avec nous. Je m'affairais à préparer le menu, la boisson. J'arrangeais les fleurs du jardin et je m'assurais que notre maison était coquette et prête à accueillir nos parents quand soudain dans l'après-midi, Ti Sach commençât à pleurer subrepticement, mais peu à peu avec insistance. Le pauvre ne pouvait pas s'exprimer ou même pointer du doigt l'endroit de sa douleur. En quelques heures, nous diagnostiquions une enflure à la gencive, une nouvelle dent allait bientôt sortir.

J'étais prise au dépourvu, déconcertée, le cœur brisé à l'idée de fêter alors qu'il souffrait. Nos invités arrivaient déjà et je décidai d'annuler les festivités. Mon premier appel fut pour ma tante, Tati France, qui était déjà à deux pas de chez nous et qui me répondit sans ciller qu'il n'en était pas question. Elle se portait alors volontaire pour passer la soirée avec Ti Sach,

Nous sommes sur les dents !

histoire de m'offrir une occasion favorable de me détendre avec mon mari.

Je ne savais plus ce que je devais ressentir... Je voulais être heureuse avec Sacha, mais je sentais que ma priorité devait être Ti Sach pour lequel je ne pouvais pratiquement rien faire de plus. Cette terrible sensation d'insuffisance me minait. La fête de Sacha fut tout de même réussie. Je maintins de mon mieux un sourire figé, mais je mourrais lentement à l'intérieur. Je passai la soirée à me questionner et à spéculer sur les raisons de ce malaise, en ce moment, en ce lieu dans ces conditions : mon fils, essayait-il de me rappeler à sa manière sa situation et me demander de laisser tomber la vie, ses frivolités et l'ambitieuse envie d'être heureuse.

Ti Sach pleura jour et nuit pendant 72 heures. Il était inconsolable. Il pleurait jusqu'à vomir. Il perdit même la voix et les larmes. Ses pleurs étaient devenus de sourds gémissements. Et la douleur partit comme elle était venue. Ti Sach se calma et s'endormit. La dent était finalement sortie.

Le 25 août, le même cas de figure se reproduisit : des pleurs sans cesse. Ce jour-là, Ti Sach refusait de manger. Son estomac se remplissait de gaz, ses amygdales enflaient et il se mit à râler. Nous devenions inquiets et nous étions résolus à repartir pour l'hôpital. Une fois arrivés, les médecins le soumirent à une batterie de tests, ne voulant pas croire que tous ses maux puissent être dus à une simple dentition. Sacha et moi passions des moments difficiles. Notre mariage était en pleine crise. Dans cette tempête, Yann était devenu mon refuge et me consolait.

Le 20 septembre, j'étais une fois de plus en Floride, à l'hôpital au chevet, de mon petit ange. J'avais demandé à Marie Carmel et à ma mère de me laisser seule avec lui. J'en avais assez de faire pitié, je voulais être seule pour pleurer ma douleur. Les médecins, quant à eux, ne pouvaient croire qu'un enfant puisse présenter autant de symptômes pour une simple poussée dentaire. Ils continuaient à le tisonner, encore et encore à le retourner, à l'ausculter, à chercher la cause...

Aucune médication ne faisait effet. Le petit ange souffrait le martyre. Et moi, mes nerfs à vif, j'enrageais de ne pouvoir le soulager. Je commençais à perdre patience d'autant qu'ils choisissaient presque toujours de le déranger alors que je venais à peine de le calmer et qu'il se reposait un peu. Finalement, comme une chienne enragée protégeant sa litée, je me mettais en travers de son lit, en leur interdisant de le toucher, je leur fis des commentaires désobligeants quant à leur passage à l'école de médecine et je leur ordonnai -dans un langage peu châtié- de prendre la porte. Bref, après que l'hôpital me fit signer une décharge légale, je faisais mes valises et je regagnais l'appartement de Charles-Henri avec mon fils. Plus

Nous sommes sur les dents !

d'un me critiqua ce jour-là. Le lendemain, la dent sortait et il se calmait.

Le 9 octobre, c'était encore le même scénario. Je perdais la tête et je pleurais. J'avais peur que rien ne marchât ; ni le gel de dentition pour enfant ni le Tylenol... Après environ 72 heures de souffrances et de prières incessantes pour que le Bon Dieu soulageât Ti Sach, la dent sortit et il pouvait enfin se reposer un peu. Et ce fut ainsi jusqu'à la dernière dent.

Nous avions tous été créés avec la capacité d'oublier la douleur. C'est la raison pour laquelle, des mères qui souffrent le calvaire à chaque accouchement, ont plusieurs enfants, l'un après l'autre. Entre deux dents, je me reprenais, je m'occupais de Ti Sach et je reprenais doucement goût à la vie. Des fois, j'arrivais même à oublier la gravité de sa maladie et la douleur qu'elle engendrait chez nous tous. Mais, à chaque nouvelle crise, je m'effondrais et me décourageais.

Une énième fois, nous étions en visite chez nos différents médecins. Depuis sa naissance, Ti Sach avait un œil qui coulait sans cesse. Son ophtalmologue avait diagnostiqué un canal lacrymal bloqué. Il nous avait proposé de lui masser le coin de l'œil pour le débloquer... Cependant, en dépit de nos meilleurs efforts, nous n'avions pas pu résoudre le problème.

IL EST SPÉCIAL

Le médecin nous disait que Ti Sach approchait de ses 18 mois et qu'il fallait absolument débloquer le canal avant qu'il ne développe d'autres complications à l'œil. Nous lui avions à peine donné notre approbation, qu'il attachait les bras et les pieds de l'enfant à la table d'examen et lui rentrait une aiguille au coin de l'œil. Ce furent les trois minutes les plus longues que nous avions vécues depuis longtemps. Ti Sach gueulait, alors que Sacha et moi pouvions à peine contenir nos larmes. Comment imaginer qu'un médecin ait pu, sans anesthésie, faire une chose pareille à un petit bout de chou sans défense ? Depuis sa naissance, Ti Sach n'a jamais cessé de souffrir et je me demande souvent, comment il arrive encore à sourire et à gazouiller dans ses bons jours -il oublie lui aussi la douleur.

Sa dentition douloureuse n'avait pas aidé son développement physique. Mon enfant ne s'asseyait pas. Il ne parlait ni ne marchait toujours pas. Mais j'étais optimiste, car il avait maintenant un bon contact visuel. Il me regardait et me voyait. Il me suivait des yeux. Il riait quand je lui parlais ou quand je le chatouillais. Il avait un meilleur contrôle de sa tête et avait davantage de force dans les jambes.

Le problème persistant depuis sa naissance était l'hypotonie dans les muscles du thorax, c'est-à-dire l'hypertrophie de tous ses muscles de la taille au cou. Ils étaient faibles et n'avaient presque aucun tonus. En conséquence, Ti Sach n'avait pas la force requise pour

Nous sommes sur les dents !

tenir son buste, s'asseoir, utiliser ses bras, rigidifier son dos ou se mettre debout.

Il y a une douleur indicible à voir son enfant physiquement diminué et incapable d'accomplir les tâches les plus simples. Graduellement, je me résignais à mon sort et au sien et je trouvais la force de devenir un peu plus sociable. Je sortais un peu plus souvent. Je parlais un peu plus. J'arrivais même à sourire en dépit d'un pincement persistant au cœur.

Je n'arrivais toujours pas à faire face au monde. J'avais peur des regards. Néanmoins, je décidai de prendre la vie un jour à la fois. Mon entourage ne comprenait pas. Ce monde n'acceptait pas non plus mes sautes d'humeur. Certaines personnes ne pouvaient simplement pas accepter que j'eusse des hauts et des bas, que je pusse avoir des jours au cours desquels j'étais alternativement affable et asociale. Au lieu de me prendre comme j'étais, elles préfèrent me juger ; elles étaient plus aptes à me critiquer sans prendre le temps de comprendre.

Sacha et moi étions un couple comme les autres. Nous aimions vivre, admirer un joli coucher de soleil, danser, nous embrasser, prendre des vacances, jouir de nos moments de loisir... Cependant, depuis la naissance de Ti Sach, notre vie avait drastiquement changé et certains de nos rêves ont dû être mis indéfiniment en veilleuse.

IL EST SPÉCIAL

Nous avions opté librement et sans contrainte de prendre soin d'un enfant spécial. Malgré les propositions que nous avions reçues, nous avions conclu de ne le confier à aucune institution spécialisée. Avec notre enfant, et comme il était, nous avions eu de bons et de mauvais jours. Nous avions décidé d'en jouir autant que nous pouvions. Quand il ne souffrait pas, Ti Sach était un enfant heureux. Quand Yann faisait le clown, il riait aux éclats et nous étions alors tous aux anges. Nous l'emmenions à la plage. Au début, il n'aimait pas trop, mais avec le temps ça allait mieux, beaucoup mieux ; la mer était pour lui une bonne thérapie.

13. Mouvement perpétuel

Pour pallier ma tristesse et mon stress, je décidai de me donner des activités qui me tiendraient toujours occupée et en mouvement. C'est ainsi que je me mis à défaire tous les placards de la maison depuis ceux de la cuisine, en passant par ceux des toilettes, des chambres à coucher et des dépôts pour les réarranger et en indexer le contenu.

Cela peut paraître fou, mais vivre dans un environnement parfaitement en ordre me rassurait en me donnant l'impression que le chaos que pouvait souvent être la vie de Ti Sach était bien ancré au rocher d'un foyer structuré et discipliné. Une fois la maison astiquée et remise en ordre, je m'atta-quais à la cour et au jardin... et avant que je ne puisse commencer à m'ennuyer, le cycle d'ordre et de nettoyage recommençait de la maison vers le jardin. Sacha, un peu inquiet, m'observait du coin de l'œil se demandant surement quand j'allais craquer. Souvent, il me rejoignait pour m'aider et tentait adroitement de me convaincre de profiter des heures de sommeil de Ti Sach pour m'arrêter et me reposer.

Je lui souriais tendrement alors sans lui répondre, continuant inexorablement à arranger mes plantes ou mon salon. Il fallait que je continue à m'occuper à autre chose pour arrêter de penser au handicap de mon enfant, car au bout du compte, malgré tout le support que j'avais reçu de ceux qui m'entouraient, j'étais bien consciente que Ti Sach était le problème de ma famille à elle seule.

Pendant les deux premières années de la vie de Ti Sach, Sacha a été impayable. Il a toujours été présent pour nous et surtout pour moi. Je ne lui avais, en réalité, pas donné le choix, mon pauvre mari, car j'étais en si mauvais état physique, émotionnel et spirituel, que plus d'une fois, il a dû prendre la relève et être à la fois le père et la mère des enfants autant que le mien. Je me renfermais au gré de mon humeur sur moi-même ; et je pleurais parfois incontrôlablement. Sacha n'avait alors jamais le temps de souffler ni de s'apitoyer sur le cas de notre fils, encore moins de craquer. Il se faisait un devoir d'être toujours à mon chevet tout en s'assurant que Ti Sach allait bien et que Yann eût une enfance heureuse en travaillant bien à l'école. Ce n'est qu'à la fin de la deuxième année alors que je commençais à me sentir mieux -je ne pleurais plus aussi souvent, je travaillais, je m'occupais de la maison pour me changer les idées- que Sacha commença à se rendre compte que Ti Sach était bel et bien handicapé et que nous n'avions tout simplement pas de solutions à l'horizon.

Petit à petit, il réalisait que Ti Sach accusait des retards psychomoteurs et somatiques importants et permanents. Il savait maintenant au plus profond de

Mouvement perpétuel

lui, son enfant serait physiquement et mentalement handicapé à tout jamais et que c'était une vérité à laquelle il ne pouvait pas échapper. Il voyait souvent ses neveux et ses nièces qu'il aimait profondément et qui le lui rendaient très bien. Il jouait avec eux et quand il revenait à la maison pour retrouver Ti Sach, si différent. Il ne pouvait que le serrer dans ses bras, l'embrasser et me demandait désespéré si un jour, son fils pouvait l'appeler Papa.

Je devais alors prendre mon courage à deux mains et devenir, malgré moi, « Superwoman ». Je lui promettais alors que nous aurions un bon mariage ; je lui rappelais que Yann allait bien, que nous allions tous, tant bien que mal, nous débrouiller pour améliorer la vie de Ti Sach... et je lui promettais, à mon corps défendant, ce que je n'aurais jamais pensé avoir le courage de faire un jour : lui donner un troisième enfant. Au fur à mesure, Sacha se ressaisissait et nous recommencions à vivre ensemble une vie agréable, mais ponctuée de moments difficiles.

Il y a un vieux dicton qui dit que pour faire sourire le Bon Dieu il ne suffit que de lui parler de nos plans d'avenir. La plus grande des contraintes d'une vie avec Ti Sach est l'impossibilité de planifier ; seraient-ce les choses les plus banales : un dîner aux chandelles, une soirée au cinéma ou une fête chez des amis deviennent des affaires d'État.

IL EST SPÉCIAL

Si ce n'est une dent qui perce, c'est une infection intestinale, une allergie ou un début de pneumonie. Peu importe, chacun de ses malaises est accompagné de son lot de nuits blanches et avec elles, une fatigue accablante qui nous pousse à bout de nerfs et érode notre capacité à entendre l'autre, à le comprendre et à lui pardonner ses écarts de langage et de comportement. Notre mariage était de plus en plus en difficulté. La question la plus anodine était interprétée comme une déclaration de guerre. Nous avons eu des jours où j'ai franchement cru que nous allions nous séparer et que j'allais perdre mon mari à jamais.

Nos moments les plus éprouvants arrivaient pendant nos innombrables nuits blanches. Nous tombions de sommeil. Malgré la fatigue, nous ne pouvions pas nous permettre de nous endormir ; Ti Sach avait soit une grippe, soit une fièvre, soit une allergie dont nous ignorions la cause et encore moins le remède. Continuellement, il ne faisait que pleurer, sans arrêt, pendant des jours.

Dans l'environnement insalubre de notre pays, mon pauvre enfant n'avait pas un système immunitaire solide et contractait tous les virus qui étaient dans l'air. Alors, chaque toux, chaque râle, chaque essoufflement, chaque poussée de fièvre prenait l'allure d'une catastrophe et avec la première larme, une langueur mêlée de désespoir nous envahissait.

Mouvement perpétuel

Ti Sach était néanmoins notre ange, car malgré tout il nous apportait beaucoup de bonheur. Chaque enfant a sa mission, une tâche à accomplir dans le monde. Et par-dessus tout, Ti Sach a beaucoup fait pour notre couple : malgré nos déboires et nos désillusions, à travers nos nuits blanches et nos disputes, nous sommes devenus aujourd'hui davantage attachés l'un à l'autre.

Notre conception de la vie a changé drastiquement. Nous attachons moins d'importance aux frivolités et notre couple a mûri. Je suis reconnaissante à mon fils pour tant d'autres choses que les pages de ce texte ne seraient pas suffisantes pour les énumérer. Je dois cependant lui dire merci, car sans lui, je n'aurais jamais su comprendre et accepter que « le plus grand obstacle à la vie est l'attente qui espère demain et néglige aujourd'hui[7] ».

Si notre vie familiale avait des difficultés, notre vie professionnelle en connut deux fois plus. Mon mari avait eu à vivre de mauvais moments et dut faire face à une certaine incompréhension et fut obligé d'abandonner son poste. Comme je le dis toujours, ce n'est pas tout le monde qui peut comprendre la douleur et les problèmes qui viennent avec un enfant spécial. J'ai eu la chance de travailler avec de bons patrons. Mais lui malheureusement ne fut pas si chanceux. Les préjugés endurés à son travail à l'égard de sa situation lui ont valu la perte du sien. Imaginez-vous avoir un bébé

---
[7] Sénèque

IL EST SPÉCIAL

avec complications ce qui veut dire des dépenses inimaginables et pas de travail. Mais le Bon Dieu savait ce qu'il faisait, car Sacha est un honnête homme et il a trouvé plusieurs autres offres et finalement a fait le choix d'une institution où il a pu être apprécié à sa juste valeur. Malgré tout, il a pu continuer sa vie professionnelle. Cela fait mal de faire face à des préjudices surtout si c'est la vie de sa famille qui est en jeu, mais l'affection et l'attention des autres aident à oublier ces mauvais moments.

14. En deux ans, comme en deux jours...

Le 12 janvier 2010 arrivait inéluctablement et Ti Sach approchait de son deuxième anniversaire. En deux ans, nous avions, grâce à Dieu, pu franchir ensemble notre lot d'épreuves : la plupart de ses dents de lait étaient sorties ; son opération à cœur ouvert avait réussi et nous pourrions maintenant le nourrir normalement. Quant à moi, bien que fatiguée, j'allais beaucoup mieux. Mais j'étais franchement heureuse d'avoir pu arriver jusque-là avec mon enfant.

Pour célébrer son deuxième anniversaire, Sacha et moi avions convenu de lui organiser une petite fête, sans façon. J'avais invité la tribu à souffler ces deux bougies avec nous. Le gâteau était prêt, les boissons et la nourriture aussi. La maison était arrangée en conséquence, belle et fleurie. Je mettais les couverts quand soudain, j'entendis un vrombissement sourd et violent s'approcher de la maison. En moins de temps qu'il ne faut pour l'écrire et sans savoir ce que c'était, je sentis trembler la terre sous mes pieds. J'eus d'abord l'impression de perdre connaissance, mais je me ressaisissais rapidement.

La maison secouait toujours violemment. Je ne comprenais pas ce qui se passait. Une partie de ma verrerie, certains vases et des bibelots se renversaient

IL EST SPÉCIAL

et se brisaient violemment par terre. Les vitres tremblaient à tel point que je m'attendais à ce qu'elles éclatent. Au bout d'une trentaine de secondes, j'arrivais à retrouver mon équilibre et je fonçais instinctivement vers la chambre de Ti Sach que je retrouvais complètement désorienté, mais sain[8] et sauf.

Très rapidement, je comprenais que je venais de vivre un tremblement de terre. Je ne savais pas cependant que pendant les trente dernières secondes, plus de 200,000 de nos compatriotes venaient de perdre la vie. Je n'avais aucune idée que trente secondes avaient suffi pour détruire Port-au-Prince, la majorité de ses églises, sa cathédrale, ses hôtels, ses ministères, le Palais National etc....

J'étais alors à mille lieues de savoir qu'en route vers chez nous et ressentant le tremblement de terre, Sacha n'avait pas hésité un instant et s'était rendu tout droit à l'Hôtel Montana pour aller au secours d'une centaine de personnes qui venaient d'être enterrées vivantes sous les décombres... Je ne savais pas que Yann en route pour rendre visite à ses grands-parents avait heureusement vécu ce drame en voiture et était arrivé pour trouver la maison où il aurait dû être, complètement détruite... Lors, je ne savais pas encore que le Bon Dieu venait de me bénir au-delà de mes espérances, en protégeant ma famille alors que des

---

[8] Deux semaines après le tremblement de terre, Ti Sach rentrait en convulsion et ses médecins confirmaient qu'il était maintenant épileptique.

En deux ans, comme en deux jours…

centaines de milliers de personnes étaient désormais, sans abris, en deuil et en larmes.

Les jours qui suivirent la catastrophe furent éprouvants. Tout le pays était sous choc et collectivement traversé d'un sentiment d'impuissance mêlé de peur. Les écoles étaient pratiquement toutes détruites, le gouvernement était dépassé par la situation et l'odeur des cadavres commençait à envahir les rues. Sacha décida alors qu'il fallait qu'il évacue la famille vers les États-Unis. C'était « bien compté, mal calculé », car je refusais de le laisser seul en Haïti, et il se résolvait alors à ne faire partir que Yann sous la supervision de sa Grand-Mère pour éviter toute interruption de ses études.

Les jours qui suivirent le départ de Yann furent douloureux. L'ambiance générale du pays était pesante et triste. Chez nous, paradoxalement, tout était calme : Ti Sach sentant peut-être la gravité de la situation s'était fait tout petit et ne pleurait que rarement.

C'est dans cette période de tension et de douleur que le Bon Dieu choisissait de nous envoyer un merveilleux cadeau. Malgré toutes les précautions que j'avais prises, mon gynécologue me confirmait que j'étais bel et bien tombée enceinte. Je me sentais bénie !

Je ne savais pas si je devais pleurer de peur ou de joie. Dans cette détresse mêlée de joie, devant la douleur de mes concitoyens et toujours consciente de la situation

IL EST SPÉCIAL

de Ti Sach, je me demandais s'il ne valait pas mieux que j'eusse un avortement. Sacha s'y opposa farouchement. Il me demanda si j'avais perdu la tête. Il ne voulait pas comprendre que j'étais éreintée, que Ti Sach me drainait, que je n'avais pas encore assez dormi pour avoir un autre bébé. Il ne voulait rien entendre, il voulait son enfant, il lui fallait cet enfant.

Mes neuf mois de grossesse se passèrent doucement et avec indolence. Tous les multiples tests qui se sont avérés positifs nous assuraient de la bonne santé du bébé. Malgré tout, les cicatrices de notre drame étaient encore fraîches et la crainte et l'incertitude me rongeaient. J'avais tellement peur que j'en étais devenue superstitieuse : je m'abstenais de passer sous une échelle, de laisser un chat noir traverser devant moi ou de regarder des choses laides... encore un peu et j'aurais demandé à Sacha de poster des gargouilles à l'entrée de la maison pour en détourner les mauvais esprits.

Je m'étais fixé une diète stricte et je faisais attention à tout ce que je mangeais. J'arrivais à peine à me divertir et à relâcher mes gardes tant et si bien que mes nuits étaient immanquablement émaillées de cauchemars au cours desquels j'accouchais d'un autre enfant malade. J'aimais beaucoup Ti Sach, mais j'avais peur d'accoucher d'un autre bébé à problème. En réalité, j'avais tout simplement peur d'un autre bébé. Qui pis est, j'étais émotionnellement et physiquement drainé et j'étais convaincue qu'avec

En deux ans, comme en deux jours…

l'attention que Ti Sach exigeait, je n'aurais jamais assez de temps à consacrer à une autre enfant.

J'avais toujours désiré avoir une petite fille, mais je fus tout de même soulagée d'apprendre, quand après de multiples tests, les médecins me confirmaient que j'attendais un autre petit garçon. Je savais maintenant qu'en mon absence et en celle de Sacha, je laisserais à Ti Sach deux solides anges gardiens. Dans Sa sagesse infinie, le Bon Dieu avait bien fait les choses !

Devant la précarité de la situation en Haïti, Sacha avait fini par me convaincre qu'il était plus sage de m'installer en Floride, où Ti Sach, maintenant épileptique, pourrait recevoir les soins que nécessitait son état ; et là aussi, je pourrais être suivie par un gynécologue pendant les derniers mois de ma grossesse.

Sans nounou et avec un ventre en expansion, j'arrivais tant bien que mal à m'occuper de Ti Sach, à le nourrir, le baigner, à le trimbaler chez ses médecins… Grâce au support incontournable de ma petite maman d'amour qui est toujours disponible pour ma petite famille, le séjour a été plus agréable. Il n'entrait en convulsion qu'une seule fois. Pour le calmer, je l'avais pris dans mes bras et pendant plus d'une heure je faisais le tour du quartier avec lui en le berçant et en marchant. J'avais si mal aux épaules que je commençais à pleurer. Quelques instants plus tard, comme s'il avait compris ma douleur, Ti Sach redevenait calme et s'endormait.

IL EST SPÉCIAL

Le jour de mon accouchement approchait et Sacha m'avait heureusement rejoint. Nous étions en visite de routine chez le gynécologue qui, après un bref examen, nous annonçait l'arrivée imminente du bébé qui s'était déjà engagé. Par précaution, Sacha voulait rester à l'hôpital une fois pour toutes, je m'y opposais, car je voulais retrouver Ti Sach qui était chez ma belle-sœur à une heure de l'hôpital pour m'assurer qu'il allait bien et pour planifier son séjour sans moi.

J'arrivais à peine à destination que mes contractions commençaient... J'essayai de les ignorer, mais ce fut un effort futile, car très rapidement elles se rapprochaient dangereusement l'une de l'autre avec une douleur graduellement plus intense. Sans attendre son reste, Sacha me remettait dans la voiture et nous étions en route pour l'hôpital.

À peine parti, je l'informais que je sentais l'enfant sortir et que je ne savais pas si je pouvais attendre d'arriver à l'hôpital. Comme au cinéma, il se transformait alors en pilote de Formule 1 et en moins de temps qu'il ne faut pour le dire, nous étions à l'entrée des urgences. Sacha abandonnait le véhicule au beau milieu de la chaussée. Je hurlais déjà de douleur. Des brancardiers me transportaient en civière à la salle des accouchements. Le gynécologue était à peine arrivé dans la salle, avant même que je ne fusse installée sur la table d'accouchement, le bébé ne voulait plus attendre et naissait à même la civière.

En deux ans, comme en deux jours…

J'ai cru à ce moment que j'allais perdre connaissance. Sacha était à côté de moi et me serrait la main. Nous avions tous les deux les yeux clos, car comme des criminels sur le banc des accusés nous avions peur du verdict qui allait nous être signifié. Le médecin nous dit alors d'ouvrir les yeux pour souhaiter la bienvenue à notre fils qui était né en bonne santé.

Cette expérience fut extraordinaire et rien qu'à y penser j'ai encore des frissons. Doucement, une des infirmières me déposa notre petit Samy sur le ventre. Sacha et moi ne pûmes nous retenir et éclatâmes en sanglots… C'étaient des larmes de joie, des larmes de gratitude, des larmes de soulagement. Ainsi notre troisième fils était né en santé, il respirait bien, il s'allaitait correctement, il pouvait serrer mon doigt quand je le lui mettais dans la main. Oh, mon Dieu ! J'étouffais de bonheur et d'espoir.

Une lumière venait de jaillir dans ma vie et grâce à elle j'avais retrouvé mon sourire. Comme une folle, et sans que rien ni personne le provoquât, j'éclatais de rire et je me sentais subitement submergée d'énergie, de foi et d'espérance. Notre vie venait encore de changer de direction, mais cette fois-ci, dans la bonne direction.

Dehors, la tribu était enchantée, Yann avait un sourire d'une oreille à l'autre que rien ni personne ne pouvait effacer. Les grands-parents, les oncles et les tantes s'embrassaient et remerciaient le Bon Dieu de nous avoir tant protégés et de nous avoir bénis une fois de plus avec la venue de Samy. Même Ti Sach faisait partie de cette joie à l'hôpital. Nous étions tous franchement et simplement heureux.

15. Il faut s'adapter

Ti Sach continue de grandir, à son rythme. Malheureusement avec sa santé fragile, les sorties avec lui deviennent de plus en plus difficiles et se font de plus en plus rares.

Les voyages à l'étranger sont plus espacés, mais les visites chez les médecins locaux sont de plus en plus fréquentes. Mon pauvre enfant souffre le martyre : si ce n'est une douleur inexplicable, c'est une infection inattendue ou une grippe souffreteuse qui le rongent et me chagrinent énormément.

Un soir, au cours de sa troisième année, il a fait une crise d'épilepsie qui a failli l'emporter. J'étais éreintée et je n'arrivais pas à contrôler mes mains qui tremblaient. J'étais désorientée et paniquée à l'idée que la crise ne perdure et ne lui abîme le cerveau encore plus. J'étais dans une course contre la montre, mais figée par la peur de perdre mon fils. J'étais là à le regarder, impassible et profondément perturbée. Au bout d'un moment, je résolus de lui administrer la proverbiale piqûre de *diazépam* qui devait le calmer et arrêter sa crise.

Je lui ai fait cette piqure en plusieurs fois déjà, mais ce soir-là j'étais comme un zombie, vidée de ma substance et incapable de gérer cette crise... et je

IL EST SPÉCIAL

regardais mon enfant souffrir comme jamais auparavant, son petit corps en prise à des contorsions involontaires, violentes et franchement grotesques. N'était-ce la présence et l'intervention de Yann ce soir-là, mon enfant serait mort et j'en aurais été responsable. Yann donc, comprenant la situation, intervint, maitrisa son jeune frère et m'intima l'ordre de le piquer sur-le-champ.

Malgré ses souffrances, Ti Sach répond à chacune de nos caresses par un sourire angélique. Chaque fois qu'il aperçoit Sacha, Yann, Samy ou moi, chaque fois qu'il entend nos voix, l'amour et la tendresse qu'il a dans les yeux nous disent éloquemment sa gratitude.

Samy, quant à lui, a doucement gagné un compagnon. Sans retenue, il s'amuse, tous les jours après l'école, il s'amuse à chanter pour son frère, à lui donner à manger, à vérifier s'il a reçu tous ses médicaments. Tel un aide-infirmier, il participe à toutes les séances de thérapie. Il connaît l'horaire du thérapeute et l'attend tous les jours à la barrière pour l'accueillir et la conduire à Ti-Sach. Il ne manque pas d'informer le Dr Kim, comme il a pris l'habitude de l'appeler, sur l'état du patient. Si Ti Sach pleure et que Samy juge que le bon docteur en est responsable, il prend la première chose qui lui tombe sous la main et la lui balance. Yann rit comme un fou et Kim, au-delà de son rôle, est un fin psychologue, joue la comédie et nous permet, ne serait-ce que l'espace d'un moment, de sourire et de baisser nos gardes.

Il faut s'adapter

Les années qui suivent sont une adaptation constante à notre nouvelle vie. Sacha et moi faisons de notre mieux pour créer un foyer agréable et serein pour Yann, pour Ti-Sach et pour Samy.

Dans ce tourbillon de tristesse et de douleur, nous sommes résolus à retourner à un semblant de normalité tout en faisant de Ti-Sach notre priorité. Nos sorties sont limitées, mais nous sommes heureux, car nous sommes ensemble.

En dépit de ses limitations physiques, Ti Sach grandit et il grossit comme tous les enfants. Il devient si lourd, en fait, que le soulever commence à être quasiment impossible. Mais, je suis têtue et je me mets à l'haltérophilie, histoire de développer les muscles qui me permettront de porter seule mon enfant dans mes bras.

Les enfants grandissent et la maison que nous louons se révèle franchement trop petite et inappropriée pour notre famille. Nous nous rendons lentement à l'évidence que nous devrons construire une maison plus adaptée aux difficultés de notre enfant. Nous prenons alors contact avec des ingénieurs avec qui nous entamons des discussions que le cours des choses ne nous permettra pas de conclure.

IL EST SPÉCIAL

Conclusion

Plus Ti Sach grandit, plus je sais qu'il est venu accomplir une mission divine parmi nous. Le Créateur de tous les êtres, lui seul connait le fond de nos pensées et de notre cœur, la raison de notre présence sur cette terre, et la mission qu'il a confiée à chacun de nous.

Ti Sach ne parle peut-être pas ; il ne marchera peut-être jamais, mais il ressent tout ce qui se passe autour de lui. Il ressent nos joies ; il ressent nos peines ; il ressent notre douleur comme si elles étaient siennes et il trouve toujours un moyen de les partager avec nous. Si ce n'est avec un sourire d'ange pour nous signifier son contentement, c'est un tendre regard comme pour nous dire, je comprends, ne pleurez pas, mais ayez confiance en Dieu. Cela aussi passera !

Ti Sach a maintenant six ans. Son système immunitaire est faible et ne s'améliore pas ; sa scoliose non plus. Il est très souvent malade. Les nuits blanches ne diminuent pas. Il contracte constamment des virus.

Toute ma vie et celle de mon mari, de ma maman et de mes enfants dépendent de lui, de son humeur, de son bien-être. Et il est là, présent dans notre vie quotidienne ; et au-delà de notre souffrance, nous sommes si reconnaissants de l'avoir avec nous.

IL EST SPÉCIAL

Mon enfant avec la peau si douce et le regard si profond ; ce petit bonhomme qui ne demande rien de plus que l'affection de son entourage, à deux reprises l'an dernier, a dit : « Maman » ; et cela a été notre plus grande joie.

Épilogue

Ce livre aurait dû normalement s'arrêter là, comme pour témoigner du début difficile, mais si beau de la vie d'un ange sur terre et de sa profonde influence sur la famille à laquelle le Bon Dieu l'aurait confié. Le 22 novembre 2014 est arrivé. Soudain, comme un éclair dans un ciel serein, sans que nous nous y attendions, le moment de son départ était là. La mort est survenue comme un voleur en plein jour et sans bruit !

Je pleure sans cesse, car tu as laissé un vide inimaginable dans ma vie. Ti Sach, ma conversation de tous les jours, mon petit chef, mon Superman, que vais-je faire sans toi ? Si ta venue au monde a été une grande surprise, ton départ nous aura surpris encore davantage.

Chaque jour que Dieu fait, je pense à ce 22 novembre 2014, à ce jour fatidique où tu nous as laissés et es retourné vers ton Père. Je te vois dans mes bras, souriant à la vie. Toi qui aimais tant que l'on chante pour toi ; toi qui jouissais des plus petits bonheurs dont jouit un enfant ; toi qui aimais tant que l'on t'emmène dans le jardin où tu contemplais les arbres et le ciel ; toi qui aimais tant la mer et son eau salée ; toi qui aimais tant jouer avec tes frères ; toi qui aimais tant te coucher entre maman et papa !

IL EST SPÉCIAL

Ti Sach, que sera ma vie sans toi ? Tu nous as donné exactement 2507 jours sur cette terre. Tu m'as tant donné, mais je suis égoïste. Je le sais. Je veux plus de temps avec toi ; je veux beaucoup plus de nuits blanches ; je veux plus de fatigue ; j'ai encore beaucoup de courage pour te chérir, te consoler, te faire sourire, t'amener en promenade.

Tu m'as appris à aimer inconditionnellement à pardonner. Tu m'as appris la simplicité, le sacrifice, la patience, la tendresse, la vraie joie.

Je te remercie du plus profond de mon cœur, où je te garderai pour le restant de ma vie.

Aussi paradoxal que cela puisse paraître, au-delà de mes pleurs et alors que je n'arrive plus à retenir mes larmes, je souris en pensant à toi, mon ange !

Un jour, Sacha me remit un texte que je crois être approprié de reproduire in extenso en guise de conclusion :

Épilogue

Il est mon enfant handicapé qui ne peut pas parler. J'ai souvent pitié de lui et il le voit dans mes yeux.

Je me demande s'il est conscient et il le sent. Il est conscient de tout, il voit tout, il ressent tout. Il sait si je suis heureux ou triste, anxieux ou plein d'espoir, patient ou impatient, plein d'amour et de désirs, ou si simplement je ne fais qu'accomplir mon devoir envers lui.

Il compatit à mes frustrations, se demandant sûrement comment il pourrait me soulager en prenant ma croix sur son petit dos meurtri en plus de la sienne qui est déjà si lourde. Il ne peut pas s'exprimer comme les autres. Et pourtant, dans un isolement si complet, si total, si hermétique, il est tour à tour éloquent, humble, fort et effacé.

Nous n'avons jamais eu de conversation intelligente pourtant plus d'une fois, il ne m'aura fallu que d'un moment avec lui pour trouver des solutions géniales à des problèmes qui, un instant plus tôt, me paraissaient insolvables. Il ne m'a jamais raconté d'histoire drôle, mais nous avons souvent ri ensemble aux éclats.

Il ne répond jamais à mes innombrables questions. Il ne me demande jamais rien et ne se fâche jamais des commentaires désobligeants du monde autour de lui.

En le comparant aux normes de ce monde, il ne me donne aucune raison, d'être fier de lui. Il ne sera jamais premier de sa classe, il ne gagnera jamais un tournoi de football, il ne sera pas celui dont parleront toutes les jeunes filles de sa génération.

IL EST SPÉCIAL

Ne pleurez pas pour moi cependant, car ce que Ti Sach me donne est tellement plus précieux ! Grâce à lui, j'ai pu découvrir la profondeur de mon caractère, la sincérité de mon amour, la persévérance de mes engagements, l'endurance de ma patience et l'étendue de ma foi en Dieu.

Ti Sach me pousse plus loin que je n'aie jamais pu aller tout seul. Grâce à lui, je comprends enfin le vrai sens de la Charité : cet amour de Dieu et du prochain comme créature de Dieu. Peu à peu et grâce à lui, je persévère et je trouve des réponses à des questions qui jusqu'ici étaient des mystères pour moi.

Il est mon enfant qui ne peut pas parler.

Il est mon enfant qui ne peut pas marcher.

Il est mon enfant qui voit la vie passer et qui ne peut pas la retenir.

Je vois tous les jours dans ses yeux le désir de sortir de sa chaise, de courir et de jouer avec ses frères et ses cousins.

Il est mon enfant et il dépend de moi pour tout : pour l'amener aux toilettes, pour le baigner, pour le nettoyer, pour lui prendre ses jouets sur l'étagère, pour le comprendre et traduire ses besoins.

Grâce à lui, je rends grâce au Bon Dieu de ce qu'il continue de me donner la santé, un esprit sain, un dos et des jambes solides que je mets au service de mon enfant.

Épilogue

Parfois, les gens ne semblent pas faire attention à lui ; il les regarde alors avec compassion.

Dans ses yeux, je ne vois ni envie, ni jalousie, mais un désir farouche de se tenir debout, de mettre un pied devant l'autre, de marcher et d'être indépendant.

Il est mon enfant qui ne peut pas marcher.

Il est mon enfant qui est mentalement retardé.

Il ne s'encombre pas de concepts complexes, mais trouve une joie infinie dans le silence et dans les choses les plus simples.

Il est mon fils handicapé qui m'apprend à redevenir un enfant comme lui et à comprendre combien dans mes bras il trouve l'amour dont il a tant besoin.

Il est mon fils qui m'aime inconditionnellement et me fait confiance.

Il est mon directeur spirituel et il me rappelle que cette vie est précieuse et que rien ne nous est acquis sinon l'Amour de Dieu.

Il est l'image du Christ qui m'apprend que pour recevoir, il faut savoir donner, que pour être premier, il faut savoir être dernier, que pour diriger il faut savoir servir.

Il est mon enfant handicapé qui ne peut pas parler et je l'aime de tout mon cœur, de toute mon âme et de toute ma personne.

IL EST SPÉCIAL

À Ti Sach de Son parrain

À Ti Sach de Son parrain

Je voudrais tout d'abord vous dire toute la gratitude de notre famille, pour votre présence ici, en ce jour où nous disons adieu à notre ange, Ti Sach. Vu que la plupart de vous ne l'ont pas connu, j'ai l'immense privilège de vous le présenter.

Durant son bref passage parmi nous, fait de hauts et de bas, deux faits m'ont particulièrement marqué, l'un vécu avec son père, et l'autre avec sa mère. Je voudrais maintenant partager avec vous une de ces expériences positives hors du commun.

Il a été nécessaire pour Ti Sach de voyager souvent, afin d'être examiné par une multitude de médecins, pour une multitude de problèmes. Une fois, Myriam étant dans l'impossibilité de se déplacer, j'offre à mon frère de l'accompagner. Myriam et Sacha prennent soin de tout m'expliquer, afin que je sois bien imbu des problèmes et complications qui pourraient se présenter. Mon frère et moi partons à la charge comme nous l'a démontré notre père, toujours prêts à affronter toute éventualité avec courage. Les rencontres avec les médecins se succèdent, Ti Sach nous gratifiant sans cesse d'un sourire, et nous trouvant les solutions à tous les problèmes auxquels est confronté notre ange.

IL EST SPÉCIAL

Ce voyage a représenté l'une des expériences la plus positive et la plus riche de ma vie. Chaque fois que nous allions voir un médecin, c'était toujours le même scénario: des gens d'une amabilité sans pareille, nous ouvraient les portes, et avec un large sourire, nous disaient combien nous étions « CUTE ». Le jour de notre rencontre avec le quatrième médecin, je vois arriver deux hommes, avec des vêtements criards, accompagnant un bébé. Étant à Miami, je me demandai s'il s'agissait d'un couple. Ce n'est qu'alors que je compris que toutes ces amabilités dont nous étions l'objet étaient dues au fait que les gens pensaient que mon frère et moi formions nous aussi un couple. Ayant signalé cela à Sacha, qui avait malgré tout gardé son sens de l'humour, il me dit après s'être tordu de rire : « Je suis l'homme, et tu es la femme ».

Les leçons que nous a apprises Ti Sach ont commencé le jour de sa naissance. En effet, il était né avec une condition appelée « 18 Q deletion » avec toutes les complications et les défis imaginables.

Durant les premiers mois de sa vie, passés au NICU de Miami Children's Hospital, après d'innombrables interventions médicales, y compris une opération à cœur ouvert, notre ange Ti Sach était devenu notre Superman.

À Ti Sach de Son parrain

Sans ses parents, Ti Sach n'aurait pas eu l'impact qu'il a eu sur nos vies. Ma sœur Myriam et mon frère Sacha ont donné tout ce qu'ils pouvaient donner à Ti Sach. Je ne cesserai jamais d'admirer leur courage et leur dévouement sans bornes, face à ce que la vie avait placé sur leurs épaules.

Mon amour pour vous est sans limites. Du plus profond de mon cœur, je vous remercie pour tout ce que vous avez fait pour mon filleul chéri. Sachez qu'à son tour maintenant, il veille sur nous.

Je voudrais terminer en disant merci à Ti Sach pour toutes ces leçons qu'il nous a enseignées. Si seulement on avait pu faire pour lui la moitié de ce qu'il a fait pour nous !

Ti Sach, au nom de toute la famille, je te dis que tu habiteras toujours nos cœurs et nos pensées. Nous t'aimons beaucoup.

IL EST SPÉCIAL

Remerciements

Je remercie Mgr Lafontant et le Renouveau charismatique pour leurs prières.

Merci à Marie France St Cyr, Beatrice Francis, Pascale Drouin, Sandra Dalencourt, Joanne Camille, Gilda Rousseau, Marie Carmel Etheart, France Dupoux William, Bertrand Salnave, Gina Castera, Melissa Baker et Dominique Richard pour leur conseil.

Merci à ma famille pour tout, tout simplement !

Merci aux médecins et spécialistes de Ti Sach : Marie Marguerite Vorbe Mevs, Annie Bouchereau Fisher, Nathalie Théard, Gerda Coicou, Grégory Kawly, Jerry Bitar, Marlon Bitar, Philippe Rousseau, Gilliane Woël, Patrick Dupont, Karine B. Larco, Robert Elie, Elizabeth Elie et Bernard Bouchereau.

Un merci spécial à Kim St Victor et Dr. Guy Pierre Louis.

Merci à Johanna Zreik, Carole Wilson et Francesca Jeannot Elie pour leur support.

Un grand merci à Daniel-Gérard Rouzier pour son support à ma famille et à la réalisation de ce livre ; et à Olvier Bayard et Hervé Fanini-Lemoine pour la touche finale !!!

www.ingramcontent.com/pod-product-compliance
Lightning Source LLC
Chambersburg PA
CBHW021943160426
43195CB00011B/1201